SPRACHWISSENSCHAFTLICHE
STUDIENBÜCHER

HERWIG GÖRGEMANNS
MANUEL BAUMBACH
HELGA KÖHLER

Griechische Stilübungen

BAND I

Übungsbuch zur Formenlehre und Kasussyntax

Dritte, aktualisierte Auflage

Universitätsverlag
WINTER
Heidelberg

Bibliografische Information der Deutschen Nationalbibliothek
Die Deutsche Nationalbibliothek verzeichnet diese Publikation in der Deutschen Nationalbibliografie; detaillierte bibliografische Daten sind im Internet über *http://dnb.d-nb.de* abrufbar.

UMSCHLAGMOTIV

Handschrift des 10-jährigen Johann Wolfgang von Goethe,
Seite 80v und 81r aus »*Labores Juveniles*«
© Stadt- und Universitätsbibliothek Frankfurt am Main

ISBN 978-3-8253-6737-4
3. Auflage 2017

Imprimé en Allemagne · Printed in Germany
Druck: Memminger MedienCentrum, 87700 Memmingen

Gedruckt auf umweltfreundlichem, chlorfrei gebleichtem und alterungsbeständigem Papier.

Den Verlag erreichen Sie im Internet unter:
www.winter-verlag.de

VORWORT

Am Beginn des Hauptfach-Studiums des Altgriechischen stehen, zumindest an vielen deutschen Universitäten, die „Stilübungen". Doch immer wieder wird gefragt, ob diese Übungen im Übersetzen vom Deutschen ins Griechische überhaupt nötig seien, da ja der aktive Gebrauch dieser Sprache nicht zu den Zielen des Studiums gehöre. Anstelle einer theoretischen Diskussion hier ein Vergleich: Das Studium der Musikwissenschaft soll nicht zur professionellen Ausübung von Musik befähigen, und doch wird vom Studierenden erwartet, daß er ein Instrument spielen und eine Melodie vierstimmig aussetzen kann. Analog wird auch das Verstehen und das Gefühl für eine Sprache wesentlich gewinnen, wenn man Vokabeln und grammatische Regeln nicht nur lernt, sondern auch aktiv anwendet, ja vielleicht sogar einmal selbst einen griechischen Vers komponiert.

Lehrenden und Lernenden bietet dieser Band, der aus der Unterrichtspraxis der drei Herausgeber entstanden ist, Material für die erste Stufe der Stilübungen. Der Grundstock an Übungssätzen und Musterübersetzungen stammt von Herwig Görgemanns; mit ihm zusammen haben Manuel Baumbach und Helga Köhler die neue didaktische Konzeption des Bandes erarbeitet, der sich in wesentlichen Teilen von früheren Stilübungsbüchern unterscheidet (s. Einleitung).

Danken möchten wir allen, die an der Entstehung dieses Bandes mitgearbeitet haben, besonders den Studierenden; stellvertretend gilt unser Dank Benjamin Mayer für die Mühen und Freuden des „ersten Benutzers". Wichtige Anregungen verdanken wir der Erprobung durch William Furley, Ivana Petrović und Lothar Willms. Ein Aufenthalt zweier Herausgeber in der freundlichen Klausur der Fondation Hardt im Frühjahr 2003 brachte wesentliche Fortschritte. Die Zusammenarbeit mit dem Winterverlag war ein Vergnügen.

Heidelberg, im September 2004 — Die Herausgeber

Die vorliegende zweite Auflage ermöglichte den Herausgebern Korrekturen kleinerer Fehler im Lösungsteil, auf die wir nicht zuletzt durch Hinweise emsiger Benutzer aufmerksam gemacht wurden. Stellvertretend für alle kritischen Leser danken wir an dieser Stelle sehr herzlich Serena Zweimüller und Lutz Lenz. Wir freuen uns über das andauernde Interesse an dem Übungsbuch, dessen zweiter Teil zur Verbalsyntax und Satzlehre soeben in bewährter Zusammenarbeit mit dem Winterverlag erschienen ist.

Heidelberg und Zürich, im Juli 2009 — Die Herausgeber

INHALT

EINLEITUNG

In den griechischen Stilübungen wird – auf dem Niveau des Graecums aufbauend – die Kenntnis der Sprache gefestigt und das Sprachgefühl verbessert, indem ihr aktiver Gebrauch durch Übersetzungen in die Fremdsprache geübt wird. Diese Übungen haben am Heidelberger Seminar für Klassische Philologie drei Stufen: In der ersten geht man die Formen- und Kasuslehre, in der zweiten die Verbalsyntax systematisch durch; in diesen Stufen wird das Übersetzen vorwiegend an Einzelsätzen praktiziert. In der dritten Stufe werden dann zusammenhängende Texte bearbeitet; meistens geht es um Retroversionen von Passagen aus klassischen Prosa-Autoren.

Gegenüber der sonst üblichen Zweiteilung der Stilübungen erscheint die Einteilung in drei Kurse realistischer, weil sie die Sprachkenntnisse der heutigen Studienanfänger berücksichtigt: Immer weniger Schulabgänger verfügen über solide Kenntnisse des Griechischen, und immer mehr Studierende werden, auch im Zuge der neuen BA/MA-Studiengänge, den Zugang zu dieser Sprache (wenn überhaupt) erst auf der Universität finden.

Der vorliegende Band enthält Übungsmaterial für die erste Stufe; die systematische Einübung in Verbalsyntax und Satzlehre bleibt einem zweiten Teil vorbehalten. Dennoch beschränkt sich der Band keineswegs auf das Niveau eines Vorkurses, sondern er bietet Übungen, die von Anfang an auf die Besonderheiten der griechischen Sprache und ihren Reichtum an Varianten hinweisen.

Die Arbeit mit einer guten Grammatik will und kann das Buch nicht ersetzen, sondern durch praktische Übung ergänzen. Durch die Gliederung in einen Übungs- und einen Lösungsteil eignet es sich nicht nur für Kurse, sondern auch für selbständiges Durcharbeiten. Für beide Zwecke enthält es konzeptionelle Neuerungen gegenüber früheren Übungsbüchern[1]:

- Vokabelliste bei jeder Lektion
- Übersetzungsvarianten im Lösungsteil
- Erläuternde Anmerkungen

Vokabellisten. Viele Wörter werden den Studierenden schon bekannt sein, aber der Übergang zur aktiven Beherrschung bedarf der Übung. Auf jeden Fall soll das Nachschlagen in einem deutsch-griechischen Lexikon

---

[1] Z.B. Hermann Menge, Andreas Thierfelder, Jürgen Wiesner, *Repetitorium der griechischen Syntax*, 10. korrigierte und um ein Supplement erweiterte Auflage, Darmstadt 1999; Jens Holzhausen, *Griechische Stilübungen I. Ein Übungs- und Lehrbuch zur griechischen Sprache*, München 1995.

(Schenkl, Rost u.a.) erspart werden, das wegen der Fülle des dort gebotenen Materials für Anfänger zeitraubend und verwirrend ist. Mit Hilfe der Listen kann schrittweise ein Grundwortschatz erworben werden, der durch Synonyme in den Anmerkungen des Lösungsteils erweitert wird. Dort werden auch verschiedene Bedeutungen und Anwendungsbereiche kurz erklärt.

Übungssätze. Ins Deutsche übersetzte Originalsätze griechischer Autoren sind ohne Kontext meistens schwer zu verstehen und zu übersetzen, darum haben wir auf sie grundsätzlich verzichtet. Frei gebildete Sätze können zudem die grammatischen Erscheinungen klarer illustrieren.

Der Stil der deutschen Übungssätze ist der heutigen Normalsprache angenähert, während früher eine dem Griechischen angepaßte Ausdrucksweise üblich war, die zwar das Übersetzen erleichterte, aber die Strukturunterschiede zwischen dem Deutschen und dem Griechischen verdeckte; gerade solche Unterschiede müssen jedoch bewußt gemacht werden. Zum Ausgleich der Schwierigkeit sind Übersetzungshilfen in Klammern gegeben.

Die Sätze beziehen sich im allgemeinen auf Sachverhalte und Denkweisen der klassischen griechischen Kultur, wobei nicht nur Themen der hohen Literatur, sondern auch des Alltagslebens einbezogen sind.

Übersetzungsvarianten. Der Lernende soll nicht mit einer einzigen „richtigen" Lösung konfrontiert werden, sondern möglichst oft seine eigene Übersetzung in der Lösung wiederfinden und damit Bestätigung und Kontrolle erhalten. Außerdem wird mit dem Angebot von Varianten das Bewußtsein für den Reichtum des Griechischen an nuancierten Ausdrucksalternativen, lexikalischen wie syntaktischen, gefördet; ein Denken in festen Übersetzungsäquivalenten soll von vornherein vermieden werden.

Es erscheint für die erste Stufe der Stilübungen nicht erstrebenswert, in Einzelsätzen den Stil bestimmter Autoren nachzuahmen. Vielmehr soll zunächst ein schlichter Stil so erlernt werden, daß Abweichungen davon als stilistische Besonderheiten bewußt werden.

Erläuterungen. Grundsätzlich wird der grammatische Stoff, der das Thema des Kapitels ist, nicht erläutert. Eine Ausnahme bilden häufig gemachte Fehler. Gelegentlich werden Regeln formuliert, die in den Grammatiken nicht so klar zu finden sind.

Öfter wird auf spätere Grammatikkapitel verwiesen, vor allem auf die Verbalsyntax, da sich ohne solche Vorwegnahmen nur recht primitive Sätze bilden ließen. Besonders häufig werden die Aspekte des Verbums besprochen, weil diese dem Deutschen fremd sind und das Gefühl dafür sich nur durch viele Beispiele entwickeln läßt.

Ein Schwerpunkt der Anmerkungen liegt auf der Erklärung der syntaktischen und v.a. der lexikalischen Übersetzungsalternativen. Die Synonymik des Griechischen ist für ein feineres Sprachverständnis unentbehrlich, für den Anfänger jedoch schwer zugänglich, weil ihre Darstellung in Unterrichtsmaterialien und in der Forschungsliteratur für die Bedürfnisse von Studierenden wenig geeignet ist.[2] Deshalb werden immer wieder Überblicke über Wortfelder gegeben, in denen die häufigsten Synonyme mit einer möglichst einfachen Beschreibung der Sinnunterschiede zusammengestellt sind.

Anhang. Die in den Lektionen vorkommenden griechischen Eigennamen sind in die Vokabellisten aufgenommen. Als Ergänzung dazu gibt Herwig Görgemanns im Anhang einen kurzen Einblick in die wechselhafte Geschichte der Schreibung und Betonung griechischer Namen im Deutschen. Es folgt eine Auswahl der wichtigsten Städtenamen mit Angabe von Flexion und Genus sowie von Ethnikon und Ktetikon. Diese Liste soll, ebenso wie das abschließende Verzeichnis der Wortfelder, das Übungsbuch über den engeren Zweck der Stilübungen hinaus zu einem nützlichen Hilfsmittel machen.

Ebenfalls im Anhang kommentiert Herwig Görgemanns eine Probe aus den Übersetzungsübungen des zehnjährigen Goethe, die im Faksimile auf dem Umschlag abgebildet ist.

Referenzgrammatiken. Dem Kurs sind die Grammatiken von Bornemann-Risch, Zinsmeister-Färber und Lindemann-Färber zugrunde gelegt; die entsprechenden Paragraphen werden jeweils am Beginn eines Kapitel angegeben. Diese beiden Referenzwerke empfehlen sich dadurch, daß sie im Buchhandel lieferbar sind und daß sie an vielen Universitäten und Schulen benutzt werden. Da jedoch die einzelnen Kapitel des Übungsbuches grammatischen Phänomenen folgen, können sie auch mit Hilfe anderer Schulgrammatiken (z.B. Kaegi) erarbeitet werden. Die Grammatiken werden unter folgenden Abkürzungen zitiert:

BR = Eduard Bornemann, Ernst Risch, *Griechische Grammatik*, 2. Auflage, Frankfurt am Main 1978.

ZF = Hans Zinsmeister, *Griechische Grammatik, I. Teil, Laut-und Formenlehre*, herausgegeben von Hans Färber, München 1954 (= Hans Zinsmeister, *Griechische Laut- und Formenlehre*, Heidelberg 1990).

LF = Hans Lindemann, Hans Färber, *Griechische Grammatik, Teil II, Satzlehre, Dialektgrammatik und Metrik*, München 1957 (unveränderter Nachdruck: Heidelberg 2003).

---

[2] Die vierbändige *Synonymik der griechischen Sprache* von J. H. Heinrich Schmidt (1876-1886) ist veraltet und oft eigenwillig.

HINWEISE ZUR BENUTZUNG

Vokabeln und Sätze

Jede Vokabel erscheint nur einmal, die Vokabellisten der Lektionen sind additiv; d.h. um erfolgreich weiterzuarbeiten, müssen die Vokabeln von Anfang an gelernt werden.

Bei den deutschen Sätzen stehen in runden Klammern Übersetzungshilfen, in eckigen Klammern Wörter, die nicht übersetzt zu werden brauchen.

Lösungen

Bei den Übersetzungen sind Varianten in einem Kasten übereinandergestellt. Die nächstliegende Wendung steht meist an oberster Stelle. Weniger gebräuchliche Ausdrücke und Wörter, die weggelassen werden können, stehen in runden Klammern.

Kasten: Die innerhalb eines Kastens stehenden Lösungen sind frei austauschbar.

Geteilter Kasten: Die Lösungen schließen sich aus; wenn im Verlauf des Satzes weitere Alternativen auftreten, die mit der ersten verkoppelt sind, stehen auch diese in einem geteilten Kasten.

Beispiel (II Satz 6):

Der Platz vor dem Haus war voll von steinernen Stelen.

Ἡ	πρὸ	τῆς οἰκίας	χώρα μεστὴ	ἦν λιθίνων στηλῶν.
Ὁ	ἔμπροσθεν		τόπος μεστὸς	

- „vor dem Haus“: zur attributiven Stellung s.o. I Satz 1.
- „Haus“: • ἡ οἰκία das Haus als Gebäude
  • ὁ οἶκος der gesamte Haushalt (Familie und Besitztum)
- „Platz“: • ἡ χώρα Raum
  • ὁ τόπος Ort
- Nach Ausdrücken für „voll“ steht der *Genetivus partitivus* [BR 178g; LF 52].
- Eine στήλη ist eine aufrechtstehende Platte mit Inschriften oder bildlichen Darstellungen.

Die Erläuterungen nehmen ein deutsches oder griechisches Stichwort des entsprechenden Satzes auf oder beziehen sich auf die Konstruktion; dazu kommen Anmerkungen zu den Aspekten und zum Inhalt.

Auf Fehler, die erfahrungsgemäß von Anfängern häufig gemacht werden, wird wiederholt hingewiesen unter dem Stichwort „Erinnerung".

Grammatikverweise stehen in eckigen Klammern; Erläuterungen, die bereits an anderer Stelle gegeben wurden, sowie weitere Beispiele für das besprochene Phänomen sind durch Querverweise angezeigt.

I Akzente und Spiritus; Enklise

Bornemann-Risch § 4-11; Zinsmeister-Färber § 15-24

A Vokabeln

ἅ (n. pl.)	was (Rel. Pron.)
ἀεί (Adv.)	immer
ἀληθής, -ές	wahr
ἀλλά	aber, sondern
ἅμα (Adv.)	zugleich
ἀνέχομαι	ertragen
ὁ ἄνθρωπος	Mensch
ἄπειμι	gehen, weggehen
ἀπόλλυμαι	zugrunde gehen
ἀπορέω	in Not sein
αὖθις (Adv.)	wieder
αὐτός, -ή, -ό	selbst, er
βοηθέω	helfen
δέ (nachg.)	aber
δεῖ (+ Inf./AcI)	es ist nötig, man muß
δέομαι (+ Gen.)	brauchen
διά (+ Akk.)	wegen
δράω	tun, vollbringen
ἐάν (+ Konj.)	wenn
εἰ	wenn
εἰμί	sein
ἐκεῖνος, -η, -ο	jener
ἐν (+ Dat.)	in (wo?)
τὸ ἔργον	Arbeit, Werk, Tat
ἐσθίω	essen, fressen
τὸ ἦθος, -ους	Charakter
ἥκω	gekommen sein, da sein
ἡμῶν (Gen.)	unser
ὁ ἵππος	Pferd
καί	und
κακός, -ή, -όν	schlecht, übel
τὸ κέρδος, -ους	Gewinn, Vorteil
κρύπτω	verbergen
λαλέω	sprechen, schwatzen
λέγω	sagen
ἡ λοιδορία	Beleidigung
μέν (nachg.)	zwar
μή	nicht
μοι (enkl.; Dat.)	mir, für mich
μου (enkl.; Gen.)	mein
οἶδα	wissen, kennen
οἷός τέ εἰμι	fähig sein, können
ὁ ὄνος	Esel
οὐ (οὐκ, οὐχ)	nicht
πᾶς, πᾶσα, πᾶν	ganz, all
πλούσιος, -α, -ον	reich
ἡ πόλις, -εως	Stadt, Staat
ἡ πονηρία	Schlechtigkeit
ποτε (enkl.)	irgendwann
πρᾶος, -ον	mild, friedfertig
σαφῶς (Adv.)	genau, deutlich
ὁ σεισμός	Erdbeben
ταῦτα ἅ (n. pl.)	das, was
τε (enkl.)	und
τε … καί	sowohl … als auch
τις, τι (enkl.)	irgendwer, -was
τίς, τί	wer? was?
τοῦτο	dies(es)
φεύγω	fliehen, meiden
χαλεπός, -ή, -όν	schwierig, hart
χρηστός, -ή, -όν	gut, nützlich

B Übungssätze

Tragen Sie Akzente und Spiritus ein:

1. Λεγουσιν πασαν την πολιν σεισμῳ απολεσθαι και αμα τους εν αυτῃ ανθρωπους.
   Man sagt, daß die ganze Stadt durch ein Erdbeben zugrunde gegangen sei und zugleich die Menschen in ihr.

2. Φευγε πονηριαν τε του ηθους και κακα κερδη.
   Meide Schlechtigkeit des Charakters sowie üblen Gewinn!

3. Ωρα ηδη εστι μοι απιεναι· αλλ᾽ αυθις ηξω, ει ποτε μου δεησεσθε.
   Es ist jetzt Zeit für mich zu gehen, aber ich werde wieder kommen, wenn ihr mich irgendwann braucht.

4. Πραος μεν ειμι, λοιδοριαν δ᾽ ουκ ανεχομαι.
   Ich bin zwar ein friedfertiger Mensch, aber eine Beleidigung ertrage ich nicht.

5. Παντ᾽ εσθιει ο ονος, ο δ᾽ ιππος ου.
   Der Esel frißt alles, das Pferd hingegen nicht.

6. Τουτ᾽ εστι χαλεπωτερον εκεινου.
   Dies ist schwieriger als jenes.

7. Αει λεγε ταληθες και μη λαλει ταυθ᾽ α κρυπτειν δει.
   Sprich immer die Wahrheit und schwatze nicht (das), was man verbergen muß!

8. Η μεν πολις ημων ουκ εστι πλουσια, αλλ᾽ εαν τις απορῃ, οια τ᾽ εστι βοηθησαι.
   Unsere Stadt ist zwar nicht reich, aber wenn jemand in Not ist, ist sie in der Lage zu helfen.

9. Δια τι κακ᾽ εργα δρᾳς, ει τα χρηστ᾽ οισθα σαφως;
   Warum vollbringst du böse Taten, wenn du das Gute genau kennst?

II A-Deklination

Bornemann-Risch § 29-34. 37. 39; Zinsmeister-Färber § 36-40. 63-66

A Vokabeln

Anfang	ἡ ἀρχή
Athen	(αἱ) Ἀθῆναι, -ῶν
Athena	(ἡ) Ἀθηνᾶ, -ᾶς
attisch	Ἀττικός, -ή, -όν; Ἀθηναῖος, -α, -ον
aus (heraus)	ἐκ (+ Gen.)
berühmt	ἔνδοξος, -ον; λαμπρός, -ά, -όν
Chorsänger	ὁ χορευτής, -οῦ
dichten	ποιέω
Dichter	ὁ ποιητής, -οῦ
ehren	τιμάω; θεραπεύω
feindlich	πολέμιος, -α, -ον; ἐναντίος, -α, -ον
Fest	ἡ ἑορτή
Festzug veranstalten	πομπὴν πέμπω
fliehen	φεύγω
fremd	ἀλλότριος, -α, -ον
Friede	ἡ εἰρήνη
Gerechtigkeit	ἡ δίκη
Glück, Zufall	ἡ τύχη
Göttin	ἡ θεά; ἡ θεός
Gott	ὁ θεός
Gottlosigkeit	ἡ ἀσέβεια
Haus	ἡ οἰκία
Hermesstatue	ὁ Ἑρμῆς, -οῦ
in, auf (wo?)	ἐν (+ Dat.)
junger Mann	ὁ νεανίας, -ου
kommen, gehen	ἔρχομαι
Land	ἡ χώρα
lehren	διδάσκω
Lied	ἡ ᾠδή
Mädchen	ἡ κόρη; ἡ παρθένος
Marktplatz	ἡ ἀγορά
Meinung	ἡ δόξα; ἡ γνώμη
Mensch	ὁ ἄνθρωπος
nach, gemäß	κατά (+ Akk.)
nach (hinein)	εἰς (+ Akk.)
nach (zeitl.)	μετά (+ Akk.)
neu	καινός, -ή, -όν; νέος, -α, -ον
nicht	οὐ; μή
Niederlage	ἡ ἧττα
oft, häufig	πολλάκις (Adv.)
ohne	ἄνευ (+ Gen.)
Platon	Πλάτων, -ωνος
Platz	ἡ χώρα; ὁ τόπος
prächtig	λαμπρός, -ά, -όν
Recht	ἡ δίκη
Ruhm	ἡ δόξα
schön	καλός, -ή, -όν
Seele	ἡ ψυχή
Seemann	ὁ ναύτης, -ου
sein	εἰμί
singen	ᾄδω
Soldat	ὁ στρατιώτης, -ου
steinern	λίθινος, -η, -ον
Stele	ἡ στήλη
Streben, Begierde	ἡ ἐπιθυμία
ungewiß, treulos	ἄπιστος, -ον
Unrecht	ἡ ἀδικία
unsterblich	ἀθάνατος, -ον
vertrauen	πιστεύω
viele	πολλοί, -αί, -ά
voll	μεστός, -ή, -όν
vor	πρό (+ Gen.)

B Übungssätze

1. Das Streben nach Ruhm ist oft der Anfang von Unrecht und Gottlosigkeit.

2. Nach der Niederlage flohen die feindlichen Soldaten.

3. Frieden gibt es (= ist) nicht ohne Gerechtigkeit.

4. Aus fremden Ländern kommen viele Seeleute nach Athen.

5. Die attischen Mädchen veranstalten für Athena an ihrem Fest einen prächtigen Festzug.

6. Der Platz vor dem Haus war voll von steinernen Stelen.

7. Ein berühmter Dichter dichtet für die Göttin ein neues Lied, und viele Chorsänger tragen es vor (= singen es).

8. Vertraut nicht dem ungewissen Glück!

9. Die Seele des Menschen ist nach Platons Meinung unsterblich.

10. O Dichter, lehre die jungen Männer, Recht und Götter zu ehren!

11. Auf dem Marktplatz von Athen standen (= waren) viele Hermesstatuen.

III O-Deklination

Bornemann-Risch § 35-40; Zinsmeister-Färber § 33-35. 63-67

A Vokabeln

aber, jedoch	ἀλλά; δέ (nachg.)
Altar	ὁ βωμός
Athener	ὁ Ἀθηναῖος
auf, darauf	ἐπί (+ Gen.)
Baum	τὸ δένδρον
Botschaft	ἡ ἀγγελία
Brauch, Gesetz	ὁ νόμος
bronzen	χαλκοῦς,-ῆ,-οῦν
Bürger	ὁ πολίτης,-ου
denn	γάρ (nachg.)
einige	ἔνιοι,-αι,-α
einst	ποτέ (enkl.); πάλαι (Adv.)
elfenbeinern	ἐλεφάντινος,-η,-ον
Ende	τὸ τέλος,-ους
eßbar	ἐδώδιμος,-η,-ον
Festland	ἡ ἤπειρος,-ου
Freund	ὁ φίλος
Frucht	ὁ καρπός
Gefährte	ὁ ἑταῖρος
gehen	βαδίζω; ἔρχομαι
gemeinsam (Adv.)	κοινῇ (Adv.)
Gemeinwohl	τὸ κοινὸν ἀγαθόν
golden	χρυσοῦς,-ῆ,-οῦν
Grab	ὁ τάφος
Grieche	ὁ Ἕλλην,-ος
haben	ἔχω
Hades	Ἅιδης,-ου
im allgemeinen	τὰ πολλά; ὡς ἐπὶ τὸ πολύ
in (wohin?)	εἰς (+ Akk.)
Insel	ἡ νῆσος,-ου
Kyros	Κῦρος
Leben	ὁ βίος
melden	ἀγγέλλω
nützlich	χρήσιμος,(-η),-ον
oder	ἤ
Olive	ἡ ἐλάα
opfern	θύω
den Sinn richten auf	τὸν νοῦν προσέχω (+ Dat.)
sowohl … als auch	καί … καί
Statue	τὸ ἄγαλμα,-ατος; ὁ ἀνδριάς,-άντος
Tempel	τὸ ἱερόν; ὁ νεώς, νεώ
Tier	τὸ θηρίον; τὸ ζῷον
tragen, bringen	φέρω
umhergehen	περιπατέω
unbrauchbar	ἄχρηστος,-ον
Verbündeter	ὁ σύμμαχος
verehren	θεραπεύω; τιμάω
wachsen	φύομαι
Weg	ἡ ὁδός,-οῦ
wild	ἄγριος,-α,-ον
wohlgesinnt	εὔνους,-ουν
zahm	ἥμερος,-ον
zwar … aber	μέν … δέ

B Übungssätze

1. Auf der Insel wuchsen viele Bäume, und [wilde] Tiere liefen (= gingen) umher.

2. Die wilde Olive trägt zwar Früchte, aber sie sind unbrauchbar. Die zahme Olive jedoch ist nützlich, denn ihre Früchte sind eßbar.

3. Melde, o Freund, den Gefährten die Botschaft des Kyros.

4. Die Statuen der Griechen waren im allgemeinen aus Stein oder Bronze; einige davon aber waren aus Gold und Elfenbein. (Stein, Bronze, Gold und Elfenbein mit den zugehörigen Adjektiven übersetzen!)

5. Für alle (= die) Menschen ist das Grab das Ende des Lebens, und sie gehen gemeinsam den Weg in den Hades.

6. Die Griechen verehren die Götter nach ihren Bräuchen und bringen ihnen auf den Altären vor den Tempeln Opfer dar (= opfern).

7. Wohlgesinnte Bürger richten ihre Aufmerksamkeit (= den Sinn) auf das Gemeinwohl.

8. Einst hatten die Athener viele Verbündete sowohl auf dem Festland als auch auf den Inseln.

IV Dritte Deklination

IV 1 Konsonantische Stämme 1

Bornemann-Risch § 41-44; Zinsmeister-Färber § 41-47. 50. 68-70

A Vokabeln

Araber	ὁ Ἄραψ,-αβος	Krankheit	ἡ νόσος,-ου
bald, schnell	ταχέως (Adv.);	lieben	ἀγαπάω; φιλέω;
	ἐν βραχεῖ		στέργω
beilegen	καταλύω;	Luft	ὁ ἀήρ, ἀέρος
	παύω	mehr als	μᾶλλον ἤ
beseelt	ἔμψυχος,-ον	Metapher	ἡ μεταφορά
dieser	οὗτος, αὕτη,	Mischkrug	ὁ κρατήρ,-ῆρος
	τοῦτο	Mund	τὸ στόμα,-ατος
doppelt	διπλοῦς,-ῆ,-οῦν	nennen	καλέω; λέγω;
edel	εὐγενής,-ές;		ὀνομάζω
	καλός,-ή,-όν	nicht mehr	οὐκέτι (Adv.)
einfach	ἁπλοῦς-ῆ,-οῦν	Perser	ὁ Πέρσης,-ου
Frau	ἡ γυνή, γυναικός	Pferd	ὁ/ἡ ἵππος
fressen	ἐσθίω	Rind	ὁ/ἡ βοῦς, βοός
Frühling	τὸ ἔαρ, ἔαρος	Schlacht	ἡ μάχη
furchtbar	φοβερός,-ά,-όν;	Schlachtreihe	ἡ φάλαγξ,-γγος
	δεινός,-ή,-όν	Sophist	ὁ σοφιστής,-οῦ
Fuß	ὁ πούς, ποδός	Speise	ὁ σῖτος;
gegen	πρός (+ Akk.)		τὸ σιτίον
Geier	ὁ γύψ, γυπός	sterben	ἀποθνῄσκω
Gorgias	Γοργίας,-ου	Streit	ἡ ἔρις,-ιδος
gut	ἀγαθός,-ή,-όν;	trinken	πίνω
	χρηστός,-όν	warm	θερμός,-ή,-όν
Heilmittel	τὸ φάρμακον	weil	ὅτι; ἐπεί
Hoffnung	ἡ ἐλπίς,-ίδος	Wein	ὁ οἶνος
Hoplit	ὁ ὁπλίτης,-ου	Zahn	ὁ ὀδούς,-όντος
Huf	ὁ ὄνυξ,-υχος	zerreiben	συντρίβω
Körper	τὸ σῶμα,-ατος	Zunge	ἡ γλῶττα

B Übungssätze

1. Im Frühling ist die warme Luft für (= gegen) viele Krankheiten ein gutes Heilmittel.

2. Wir tranken den Wein aus goldenen Mischkrügen.

3. Die Pferde haben einfache Hufe, die Rinder doppelte.

4. Im Mund befinden sich (= sind) die Zähne und die Zunge. Mit den Zähnen werden die Speisen zerrieben.

5. Die Araber haben edle Pferde, und der Araber liebt sein Pferd mehr als seine Frau.

6. Der Sophist Gorgias hat in (= nach, gemäß) einer Metapher die Geier „beseelte Gräber" genannt, weil die Leichen (= Körper) der in der Schlacht Gefallenen (= Gestorbenen) von Geiern gefressen werden.

7. Wir haben keine Hoffnung mehr, daß dieser Streit bald beigelegt werden wird.

8. Die Schlachtreihen der athenischen Hopliten waren für die Perser furchtbar.

IV 2 Konsonantische Stämme 2

Bornemann-Risch § 45-48; Zinsmeister-Färber § 48-54. 71-74. 76-78

A Vokabeln

arm	πένης, -ητος	Mann	ὁ ἀνήρ, ἀνδρός
bekommen	λαμβάνω	müssen	δεῖ (+ Inf./AcI); ἀνάγκη (ἐστίν) (+ Inf./AcI)
belästigen	ἐνοχλέω (+ Dat.)		
benötigen	δέομαι (+ Gen.)		
Berg	τὸ ὄρος, -ους	Mutter	ἡ μήτηρ, -τρός
Besitz(tum)	ἡ οὐσία; τὸ κτῆμα, -ατος	nie(mals)	οὐδέποτε; οὔποτε
		niemand, nichts	οὐδείς, οὐδεμία, οὐδέν
bewaldet	ὑλήεις, -έσσα, -έν		
bleiben	μένω	Nomade	ὁ νομάς, -άδος
dennoch	ὅμως (Adv.)	Pluton	Πλούτων, -ωνος
der eine … der andere	ὁ/ἡ/τὸ μέν … ὁ/ἡ/τὸ δέ	Samen(korn)	τὸ σπέρμα, -ατος
		scheinen	δοκέω
derselbe	ὁ αὐτός	Schule	τὸ διδασκαλεῖον
empfangen	δέχομαι	schwarz	μέλας, -αινα, -αν
Erde	ἡ γῆ	schwierig	χαλεπός, -ή, -όν
erfreulich	ἡδύς, -εῖα, -ύ	Skythe	ὁ Σκύθης, -ου
Frühstück	τὸ ἄριστον	sonst	εἰ δὲ μή
geben	δίδωμι	Teil	τὸ μέρος, -ους
Geld	τὸ ἀργύριον; τὰ χρήματα	Toter	ὁ νεκρός
		transportieren	κομίζω; ἄγω
Getreide	ὁ σῖτος	umkommen	ἀπόλλυμαι
Gleichaltriger	ὁ ἡλικιώτης, -ου	unglücklich	ἄθλιος, -α, -ον; δυστυχής, -ές
glücklich	εὐδαίμων, -ον		
halten für	νομίζω	unpassierbar	ἄβατος, -ον
Hirte (allg.)	ὁ νομεύς, -έως	Vater	ὁ πατήρ, -τρός
– (Kleinvieh)	ὁ ποιμήν, -ένος	verwandt	συγγενής, -ές
– (Rinder)	ὁ βουκόλος	voll	πλήρης, -ες
immer, ewig	ἀεί (Adv.)	von (bei Pers.)	παρά (+ Gen.)
immer wenn	ὅταν (+ Konj.); ἐπειδάν (+ Konj.)	Wagen	ἡ ἅμαξα
		wahrhaftig!	(ἦ) μήν
kaufen	ὠνέομαι	wenn (zeitl.)	ὅτε; ὅταν (+ Konj.)
Kind	ὁ/ἡ παῖς, παιδός	wie	ὡς; ὥσπερ
leben	ζῶ; βιόω	wieder(um)	πάλιν (Adv.)
leer	κενός, -ή, -όν	zu (hinein)	εἰς (+ Akk.)
Magen	ἡ γαστήρ, -τρός	zusammenkommen	συγγίγνομαι (+ Dat.)
manche	ἔνιοι, -αι, -α		

B Übungssätze

1. Die Skythen sind Hirten; sie sind teils Kleinviehhirten, teils Rinderhirten. Sie leben wie Nomaden, indem sie (Partizip) all ihren Besitz auf Wagen transportieren.

2. Die schwarze Erde empfängt sowohl die Toten wie die Samenkörner. Aus der schwarzen Erde wächst wiederum das Getreide; aber die Toten bleiben in ihr. Dennoch war für die Griechen der Gott der Toten (hier: Partizip von ἀποθνῄσκω) derselbe wie der Gott des Getreides, den sie Pluton nannten.

3. Die bewaldeten Teile der Berge sind unpassierbar.

4. Die Menschen sind teils (= die einen) glücklich, teils (= die anderen) unglücklich. Den Unglücklichen scheint nichts erfreulicher als umzukommen (= als das Umkommen) und nicht mehr zu sein; aber von den Glücklichen haben manche die leere Hoffnung, ewig (= immer) zu leben.

5. Wir kommen oft mit unseren Verwandten zusammen.

6. Gib mir Geld, Mutter! Von dem Vater bekomme ich nie etwas (= nie nichts), aber wenn ich zur Schule gehe, muß ich das Frühstück kaufen, sonst werden mich die Kameraden (= Gleichaltrigen) für arm halten. Wahrhaftig, das Leben von Kindern ist schwer (= schwierig)! Sie müssen die Väter und Mütter immer belästigen, wenn (= immer wenn) sie etwas benötigen. Ich werde glücklich sein, wenn ich ein [erwachsener] Mann bin, denn ein Mann hat Besitz, eine Frau, ein Haus und immer einen vollen Magen.

IV 3 Vokalische und Diphthongstämme

Bornemann-Risch § 49-55; Zinsmeister-Färber § 55-62. 75

A Vokabeln

Acker	ὁ ἀγρός	naturgemäß	κατὰ φύσιν
angenehm	ἡδύς, -εῖα, -ύ	pflügen	ἀρόω
Bauer	ὁ γεωργός	Politiker	ὁ πολιτευόμενος
bereiten, gewähren	παρέχω	Priester	ὁ ἱερεύς, -έως
		reich	πλούσιος, -ία, -ιον
besser	βελτίων, -ιον	reich werden	πλουτίζομαι
beten (zu)	εὔχομαι (+ Dat.)	Schiff	ἡ ναῦς, νεώς
durchsetzen	διαπράττομαι	Sicherheit	ἡ ἀσφάλεια
Eltern	οἱ γονεῖς, -έων	sichern	(δια)φυλάττω
Erwerb	ἡ κτῆσις, -εως	sondern	ἀλλά
erwerben	κτάομαι	Stadt	ἡ πόλις, -εως
Freude, Lust	ἡ ἡδονή	Stoiker	οἱ Στωϊκοί
Gewalt	ἡ βία	Überredung	ἡ πειθώ, -οῦς
glauben	νομίζω;	verfassen	συγγράφω
	δοκεῖ μοι;	viel, groß	πολύς, πολλή, πολύ
	οἴομαι;		
	ἡγέομαι	wahr	ἀληθής, -ές
gnädig	ἵλεως, -ων	Weiser	ὁ σοφός
Griechenland	ἡ Ἑλλάς, -άδος	wenig, gering, klein	μικρός, -ά, -όν; ὀλίγος, -η, -ον
Handel treiben	ἐμπορεύομαι		
herrschen	ἄρχω	wenn auch	εἰ καί
hören auf	ἀκούω (+ Gen.)	wer (Rel.)	ὅς, ἥ, ὅ;
jetzt	νῦν (Adv.)	(verallg.)	ὅστις, ἥτις, ὅτι
König	ὁ βασιλεύς, -έως	wert	ἄξιος, -ία, -ιον
können	δύναμαι	wir	ἡμεῖς, -ῶν
Krieg	ὁ πόλεμος	wollen	βούλομαι
Krieg führen	πολεμέω	Zeitung	ἡ ἐφημερίς, -ίδος
Macht	ἡ δύναμις, -εως	Zeus	Ζεύς, Διός

B Übungssätze

1. In vielen Staaten (= Städten) haben nicht die leitenden Beamten (= die Herrschenden) die wahre Macht, sondern die Reichen.

2. Vielen Menschen bereitet das Erwerben große (= viel) Freude, wenn auch die Besitztümer von geringem Wert (= wenig wert) sind.

3. Die Stoiker glaubten, daß das naturgemäße Leben besser sei als das angenehme Leben.

4. Die Politiker sollen (= müssen) mit Überredung, nicht mit Gewalt durchsetzen, was sie anstreben (= wollen).

5. Einst hörte man auf Priester, Weise und Eltern, heute (= jetzt) auf die Meinung der Journalisten (= der die Zeitungen Verfassenden).

6. Schiffe sicherten die Macht Athens; mit Schiffen trieben sie Handel und führten Krieg; wer ein Schiff besaß (= hatte), konnte reich werden.

7. Wir beten zu Zeus. Wir halten Zeus für den König der Götter. Zeus möge uns gnädig sein (Optativ oder Imperativ).

8. Die Bauern in Griechenland pflügten im allgemeinen ihre Äcker mit Rindern.

V Komparation (Adjektiv und Adverb)

Bornemann-Risch § 59-62; Zinsmeister-Färber § 81-87

A Vokabeln

als (bei Komp.)	ἤ
anderer	ἄλλος,-η,-ον
Ankara	(ἡ) Ἄγκυρα
aussteigen	ἐκβαίνω
Barbar	ὁ βάρβαρος
begraben	θάπτω
derjenige, der	οὗτος, ὅς
Dinge	τὰ πράγματα
dort	ἐκεῖ (Adv.)
entlang	κατά (+ Akk.)
frei	ἐλεύθερος,-α,-ον
für (im Interesse von)	ὑπέρ (+ Gen.)
Galatien	ἡ Γαλατία
ganz, jeder	πᾶς, πᾶσα, πᾶν
griechisch	Ἑλληνικός,-ή,-όν
groß	μέγας,-άλη,-α
Gutes tun	εὖ ποιέω (+ Akk.)
Heer	ὁ στρατός
hier, dort	ἐνθάδε (Adv.)
ihr	ὑμεῖς,-ῶν
Jahreszeit	ἡ ὥρα
je … desto	ὅσῳ … τοσούτῳ
kämpfen	μάχομαι
Kriegsdienst leisten	στρατεύομαι
kurz	βραχύς,-εῖα,-ύ
kurzum	ὅλως (Adv.)
Land, Erde	ἡ γῆ
• zu Lande	κατὰ γῆν
lang	μακρός,-ά,-ον
Last	τὸ ἄχθος,-ους
leicht	ῥᾴδιος,-ία,-ον
meistens	τὰ πολλά
möglichst	ὡς (+ Superl.)
nach (wohin?)	πρός (+ Akk.)
Nacht	ἡ νύξ,-κτός
Pergamon	(τὸ) Πέργαμον
Prozeß führen	δικάζομαι
raten	συμβουλεύω
Reise	ἡ πορεία
reisen	πορεύομαι
Rom	(ἡ) Ῥώμη
Schlechtes tun	κακῶς ποιέω (+ Akk.)
schnell	ταχύς,-εῖα,-ύ
See, Meer	ἡ θάλαττα
• zur See	κατὰ θάλατταν
Seefahrt	ὁ πλοῦς,-οῦ
siegen	νικάω
Sklave	ὁ δοῦλος
Staatskasse	τὸ δημόσιον
stark	ἰσχυρός,-ά,-όν
Steuer zahlen	τελέω
Straße, Weg	ἡ ὁδός,-οῦ
Strecke	τὸ διάστημα,-ατος
süß	γλυκύς,-εῖα,-ύ
Tag	ἡ ἡμέρα
tapfer	ἀνδρεῖος,-α,-ον
trotzdem	ὅμως (Adv.)
unangenehm	ἀηδής,-ές
Vaterland	ἡ πατρίς,-ίδος
vielleicht	ἴσως (Adv.)
Vogel	ὁ/ἡ ὄρνις,-ιθος
von (bei Pass.)	ὑπό (+ Gen.)
von (heraus)	ἐκ (+ Gen.)
von (woher?)	ἀπό (+ Gen.)
weise	σοφός,-ή,-όν
wohlschmeckend	ἡδύς,-εῖα,-ύ
Zeit	ὁ χρόνος

B Übungssätze

1. Das Barbarenheer war viel stärker als das griechische. Aber die Griechen hatten trotzdem große Hoffnung zu siegen, denn sie glaubten, tapferer zu sein, weil sie für das Vaterland kämpften.

2. Es ist leichter, anderen Menschen Schlechtes als Gutes zu tun.

3. Diejenigen Früchte, die von Vögeln gefressen werden, sind meistens die besten, wohlschmeckendsten und süßesten.

4. Vielleicht ist das Leben von Bürgern schwerer als das Leben von Sklaven. Die Bürger müssen an (= εἰς + Akk.) die Staatskasse Steuern zahlen, Kriegsdienst leisten, Prozesse führen, kurzum: die unangenehmsten Dinge tun. Von all dieser Last (= dieser ganzen Last) ist der Sklave frei.

5. Ein weiser Mann wird den Bürgern nicht das Angenehmste, sondern das Beste raten.

6. Ihr, die ihr hier begraben seid, seid glücklicher als wir, die [noch] ein langes Leben zu leben haben.

7. Ich reiste möglichst schnell von Rom nach Ankara in Galatien. Zwar ist die Strecke zur See von Rom nach Pergamon – denn dort stieg ich vom Schiff – länger als die zu Lande von Pergamon nach Ankara; aber die Seefahrt nahm trotzdem weniger (= kürzere) Zeit in Anspruch (= benötigte) als die Reise auf (= entlang) den Straßen.

8. Je länger die Tage, umso kürzer sind die Nächte. Der längste Tag ist der Anfang der heißesten (= wärmsten) Jahreszeit.

VI Artikel

Bornemann-Risch § 146-149; Lindemann-Färber § 14-22

A Vokabeln

Aiolos	Αἴολος
Alexander	Ἀλέξανδρος
Alexandria	ἡ Ἀλεξάνδρεια
alle	πάντες, πᾶσαι, πάντα
anerkennen	ὁμολογέω
antworten	ἀποκρίνομαι
Art, Geschlecht	τὸ γένος, -ους
beide	ἄμφω (Dual); ἀμφότεροι, -αι, -α
Bote	ὁ ἄγγελος
daß	ὅτι
Demokratie	ἡ δημοκρατία
Fisch	ὁ ἰχθύς, -ύος
Fluß	ὁ ποταμός
fragen	ἐρωτάω
Großkönig	βασιλεύς, -έως
gründen	κτίζω
häufig	πολλάκις (Adv.)
Heimat	ἡ πατρίς, -ίδος
hoch, sehr	μέγα (Adv.)
jeder, der will	ὁ βουλόμενος
kennen, wissen	οἶδα
Klearchos	Κλέαρχος
kommen	ἥκω
man sagt	λέγεται (+ NcI/AcI)
Meer	ἡ θάλαττα
möglich sein	ἔξεστιν (+ Inf./AcI)

noch nicht	οὔπω (Adv.)
nützen	ὠφελέω (+ Akk.)
Odysseus	Ὀδυσσεύς, -έως
offen s. Meinung sagen	παρρησιάζομαι
Ort	ὁ τόπος
Rhetorik	ἡ ῥητορική (τέχνη)
sagen	λέγω
Satz	ὁ λόγος
schaden	βλάπτω (+ Akk.)
schlecht	κακός, -ή, -όν
See	ἡ λίμνη
Stärke	ἡ δύναμις, -εως; ἡ ἰσχύς, -ύος
teils … teils	τὰ μέν … τὰ δέ
unterlassen	παραλείπω
unterwerfen	καταστρέφομαι
Waffenstillstand	αἱ σπονδαί
warum?	(διὰ) τί
was?	τί
wechseln	μεταβάλλω
wegen, um willen	ἕνεκα (+ Gen., nachg.)
Wind	ὁ ἄνεμος
s. wundern	θαυμάζω
zu (Richtung)	πρός (+ Akk.)
zurückgetrieben werden	πάλιν φέρομαι
zurückkehren	ἐπανέρχομαι

B Übungssätze

1. Klearchos fragte den Boten, was er wünsche (= wolle). Dieser aber antwortete, daß er wegen eines Waffenstillstandes gekommen sei.

2. Der Großkönig will uns Griechen, deren Stärke er noch nicht kennt, unterwerfen.

3. Odysseus wurde vom Wind zurückgetrieben zur Insel des Aiolos. Der (= und dieser) wunderte sich und fragte, warum er zurückgekehrt sei.

4. Man kann nicht sagen (= es ist nicht möglich, zu sagen), daß die Rhetorik schlechthin (= als ganze) gut oder schlecht ist; sie ist teils nützlich (= nützt), teils schädlich (= schadet).

5. Man sagt, daß Griechenland die Heimat der Demokratie sei, in der es jedem Bürger, der will, möglich ist, offen seine Meinung zu sagen.

6. Fische leben teils im Meer, teils in Flüssen und Seen. [Nur] wenige Arten von Fischen können an beiden Orten leben, und das häufige Wechseln des Ortes schadet ihnen nicht.

7. Alexander der Große gründete die Stadt Alexandria. Sie wurde bald die größte aller griechischen Städte, und Alexander wurde von ihren Bürgern hoch geehrt.

8. Das Gute – dieser Satz steht fest (= ist anerkannt) – ist stets das Böse, das man läßt (= unterläßt).

VII Attributive und prädikative Stellung

Bornemann-Risch § 150-153; Lindemann-Färber § 9-13

A Vokabeln

allein, einzig	μόνος, -η, -ον
Armut, Not	ἡ πενία; ἡ ἀπορία
Beamter	ὁ ἄρχων, -οντος
Biene	ἡ μέλιττα
Demosthenes	Δημοσθένης, -ους
(tiefen) Eindruck machen auf	ἐκπλήττω (+ Akk.)
ernähren	τρέφω
Ernährung	ἡ τροφή
etw. ernst nehmen	σπουδάζω περί (+ Akk.)
fürchten	φοβέομαι; δέδοικα
gemäß	κατά (+ Akk.)
genügen	ἀρκέω
genügend	ἱκανός, -ή, -ον
gut gehen	εὖ πράττω
handeln	πράττω
jeder (= alle)	πᾶς, πᾶσα, πᾶν
Kirsche	ὁ κερασός
Lebens-unterhalt	ὁ βίος
mehr	μᾶλλον (Adv.)
nachdem	ἐπεί
Oligarchen	οἱ ὀλίγοι
Politik	τὰ πολιτικὰ (πράγματα)
Rede, Wort	ὁ λόγος
Sohn	ὁ υἱός; ὁ παῖς, -δός
Staat, Stadt	ἡ πόλις, -εως
Syrakusaner	ὁ Συρακόσιος
über (= lat. *de*)	περί (+ Gen.)
die Übrigen	οἱ λοιποί
unser	ἡμέτερος, -α, -ον
verlieren	ἀποβάλλω; ἀπόλλυμι
Volk, Bürger-schaft	ὁ δῆμος
vorher	ἔμπροσθεν (Adv.)
wenn (kondi-zional)	εἰ
Wespe	ὁ σφήξ, -κός
Witwe	ἡ χήρα
Wohnung	ἡ οἴκησις, -εως
zustimmen	ὁμολογέω

B Übungssätze

1. Demosthenes machte mit seiner Rede über den Frieden tiefen Eindruck auf alle.

2a. Nachdem wir vorher über die Ernährung der *Bienen* gesprochen haben, wollen wir jetzt über die Ernährung der *Wespen* sprechen.

2b. Nachem wir vorher über die *Ernährung* der Bienen gesprochen haben, wollen wir jetzt über ihre *Wohnung* sprechen.

3. Alle Leute sagen dasselbe über die Rede des Demosthenes, ich allein stimme ihnen nicht zu.

4. Wenn es allen Bürgern gut geht, geht es auch dem Gesamtstaat gut. Es genügt nicht, wenn zwar die meisten Bürger genügend Lebensunterhalt haben, aber die übrigen in völliger (= ganzer) Armut leben. Dies muß jeder Beamte wissen und demgemäß handeln.

5. Die besten Kirschen fressen die Vögel.

6. Die Witwe verlor im Krieg ihren einzigen Sohn; der Sohn allein hatte sie ernährt.

7a. Das Volk von Athen (= der Athener) nimmt die Politik ernster als das Volk von Syrakus (= der Syrakusaner).

7b. Das Volk von Athen fürchtete die Oligarchen.

VIII Pronomina

Bornemann-Risch § 64-71; Zinsmeister-Färber § 90-103

A Vokabeln

alles, ganz	πᾶς, πᾶσα, πᾶν
Angeklagter	ὁ ἀπολογούμενος
Angelegenheit	τὸ πρᾶγμα,-ατος
Ankläger	ὁ κατήγορος
ankommen	ἀφικνέομαι
bearbeiten	ἐργάζομαι
betrübt sein	λυπέομαι
bewirten	ξενίζω
böse, schlecht	κακός,-ή,-όν; φαῦλος,-η,-ον
darauf, dann	ἔπειτα (Adv.)
dieser hier	ὅδε, ἥδε, τόδε
entweder … oder	ἤ … ἤ
folgendes	τόδε; τάδε
Fremder	ὁ ξένος
s. freuen	ἥδομαι (+ Dat.)
freundlich	φιλόφρων,-ον
Garten	ὁ κῆπος
gehören	εἶναι (+ Gen./Dat.)
gerade, bereits	ἄρτι (Adv.)
gewinnen	νικάω
heißen	ὄνομά μοί ἐστιν
helfen	συλλαμβάνω (+ Dat.)
heute	τήμερον (Adv.)
(hin)eingießen	ἐγχέω
irgendeiner	τις, τι (enkl.)
keiner (von beiden)	οὐδέτερος,-α,-ον
kennen	οἶδα; ἐπίσταμαι
Lohnarbeiter	ὁ μισθωτός
manchmal	ἐνίοτε (Adv.)
mein	ἐμός,-ή,-ον
morgen	αὔριον (Adv.)
Nachbar	ὁ γείτων,-ονος
nehmen	λαμβάνω
Park	ὁ παράδεισος
Recht haben	τἀληθῆ λέγω; τὰ δίκαια λέγω
Ring	ὁ δακτύλιος
sehen	ὁράω
s. setzen	καθίζομαι
so groß	τοσοῦτος,-αύτη,-οῦτον
… wie	ὅσος,-η,-ον
(ein) solcher	τοιοῦτος,-αύτη,-οῦτο
… wie	οἷος,-α,-ον
s. streiten	ἐρίζω
Syrakus	(αἱ) Συράκουσαι
Tongefäß	ὁ κέραμος
jd. treffen	συντυγχάνω (+ Dat.)
unterliegen	ἡττάομαι (+ Gen.)
vernachlässigen	ὀλιγωρέω (+ Gen.); ἀμελέω (+ Gen.)
Wahrheit	ἡ ἀλήθεια; τὸ ἀληθές,-οῦς
Wasser	τὸ ὕδωρ,-ατος
weggehen	ἀπέρχομαι
Weise, Art	ὁ τρόπος
wer?	τίς, τίνος
wer v. beiden?	πότερος,-α,-ον
Wettkampf	ὁ ἀγών,-ῶνος
wie groß?	πόσος,-η,-ον
wo?	ποῦ
zuversichtlich sein	θαρρέω
zwei	δύο

B Übungssätze

1. Ich habe im Wettkampf gewonnen und freue mich; du bist unterlegen und bist betrübt.

2. Ein Lohnarbeiter bearbeitet meinen Garten; er bearbeitet sowohl meinen Garten als auch den großen Park des Nachbarn.

3. Nimm irgendein Tongefäß von beliebiger Größe (= irgendwie groß) und gieß Wasser hinein!

4. Heute bearbeite ich meinen Garten und vernachlässige alles andere; morgen werde ich meinem Nachbarn helfen und dessen Garten bearbeiten.

5. Diese Angelegenheit, in die du verwickelt bist (= deine), schadet mir nicht, aber du wirst vielleicht deshalb viel Geld verlieren.

6. Wer die Wahrheit sagt, den soll man (= muß man) ehren.

7. Wem gehört dieser Ring hier? Er gehört demjenigen von den Freunden, der gerade weggegangen ist. Wer auch immer ihn trifft, soll (Imperativ) es ihm sagen. Sagt mir, wie er heißt.

8. In Syrakus sah ich a) einen solchen Tempel, wie es ihn in Griechenland nicht gibt (= wie er … nicht ist)   b) … einen so großen Tempel …

9. Alle Fremden, die ankamen, wurden freundlich bewirtet.

10. Wenn zwei sich streiten, wer von beiden hat [dann] Recht? Entweder der eine oder der andere, manchmal beide, meistens aber keiner (von beiden).

11. Wo man singt, [da] laß dich ruhig nieder (= setze dich zuversichtlich), böse Menschen haben (= kennen) keine Lieder.

12. Dies war die Rede des Anklägers; darauf sagte der Angeklagte folgendes …

IX Orts- und Zeitbestimmungen

Bornemann-Risch § 63. 199-201; Zinsmeister-Färber § 88; Lindemann-Färber § 57. 87

A Vokabeln

an, bei	παρά (+ Dat.); ἐπί (+ Dat.)
arbeiten	ἐργάζομαι
Archon	ὁ ἄρχων,-οντος
Argos	Ἄργος,-ους
bei, in (örtl.)	ἐν (+ Dat.)
bei (i.d. Nähe)	παρά (+ Dat.)
bis zu	πρός (+ Akk.); μέχρι (+ Gen.)
Dionysien	τὰ Διονύσια
einführen	εἰσάγω
einstudieren	διδάσκω
Eukleides	Εὐκλείδης,-ου
Eurymedon	Εὐρυμέδων, -οντος
fünfzig	πεντήκοντα
gegen (feindl.)	ἐπί (+ Akk.)
genießen	ἀπολαύω (+ Gen.)
Indus	ὁ Ἰνδός
Jahr	ὁ ἐνιαυτός; τὸ ἔτος,-ους

jedes Jahr	κατ᾽ ἐνιαυτόν
jonisch	Ἰωνικός,-ή,-όν
Komödie	ἡ κωμῳδία
Pamphylien	ἡ Παμφυλία
Polyneikes	Πολυνείκης,-ους
die Säulen d. Herakles	αἱ Ἡράκλειαι στῆλαι
Schrift, Buchstaben	τὰ γράμματα
Theben	(αἱ) Θῆβαι
Tragödie	ἡ τραγῳδία
übrig	λοιπός,-ή,-όν
verbannt sein	φεύγω
verbreiten	διασπείρω
verdienen, erwerben	κτάομαι
Volk, Stamm	τὸ ἔθνος,-ους
von … her, aus (heraus)	ἐκ (+ Gen.)
während, zur Zeit von	ἐπί (+ Gen.)
ziehen (Heer)	στρατεύω

B Übungssätze

1. An den großen Dionysien wurden in Athen jedes Jahr Tragödien und Komödien aufgeführt (= einstudiert).

2. Während des Archontats des Eukleides (= Eukleides als Archon) wurde in Athen die jonische Schrift eingeführt.

3. Die Athener siegten am Eurymedon, einem Fluß in Pamphylien, am gleichen (= demselben) Tag zu Lande und zur See über die Perser.

4. Polyneikes zog mit einem großen Heer von Argos aus gegen Theben, aus dem er seit vielen Jahren verbannt war.

5. Fünfzig Jahre [lang] habe ich gearbeitet und Geld verdient. Die übrige Zeit, die mir die Götter schenken (= geben), werde ich [nun] meinen Besitz genießen.

6. Bei den Griechen und Barbaren, von den Säulen des Herakles bis zum Indusfluß, in allen Städten und bei allen Völkern verbreitete sich der Ruhm Alexanders.

X Zahlen

Bornemann-Risch § 73; Zinsmeister-Färber § 104-107

A Vokabeln

Abreise (zu Schiff)	ὁ ἔκπλους,-ου
acht	ὀκτώ
alt	γεραιός,-ά,-όν; παλαιός,-ά,-όν
Deutscher	ὁ Γερμανός
einer (Zahl)	εἷς, μία, ἕν
Finger	ὁ δάκτυλος
fünf	πέντε
Fußsoldat	ὁ πεζός
Fußvolk	τὸ πεζόν
geben, liefern	παρέχω
Gedanke	ἡ φροντίς,-ίδος
Generation	ἡ γενεά
Hand	ἡ χείρ,-ρός
Herodot	Ἡρόδοτος
hundert	ἑκατόν
jeder einzelne	ἕκαστος,-η,-ον
jeder v. beiden	ἑκάτερος,-α,-ον
Kalliope	Καλλιόπη
Kuh	ἡ βοῦς, βοός
Menge	τὸ πλῆθος,-ους
Milch	τὸ γάλα,-ακτος
Mühe	ὁ πόνος
Muse	ἡ Μοῦσα
Myriade (= 10.000)	ἡ μυριάς,-άδος
Orpheus	Ὀρφεύς,-έως
Rätsel	τὸ αἴνιγμα,-ατος
Reiter	ὁ ἱππεύς,-έως
Reiterei	τὸ ἱππικόν
schreiben	γράφω
sehr groß	πάμπολυς, -πόλλη,-πολυ
siebzig	ἑβδομήκοντα
Silber	ὁ ἄργυρος; τὸ ἀργύριον
Talent	τὸ τάλαντον
Timon	Τίμων,-ωνος
Unwetter, Sturm	ὁ χειμών, ῶνος
unzählig	μυρίος,-α,-ον
verloren sein	ἀπόλωλα
vernichten	ἀπόλλυμι; διαφθείρω
vollenden	ἀποτελέω
während	κατά (+ Akk.)
Wand	ὁ τοῖχος
Xerxes	Ξέρξης,-ου
zehnmal	δεκάκις
zehntausend	μύριοι,-αι,-α
zwanzigster	εἰκοστός-ή,-όν
zweiter	δεύτερος,-α,-ον

B Übungssätze

1. Der alte Bauer besaß (= hatte) zwei Kühe, aber keine von ihnen gab Milch.

2. Die zweiten Gedanken sind meistens die besseren (= weiseren).

3. Xerxes zog mit einem gewaltigen (= sehr großen) Heer gegen Griechenland: Die Menge der Infanterie (= Fußvolk) betrug nach Herodot 1.700.000, die der Kavallerie (= Reiterei) 80.000 (Zahlen in Myriaden angeben).

4. Orpheus war der Sohn von Kalliope, einer der neun Musen.

5. Timon besaß nicht unzählige, sondern [nur] zehntausend Talente Silber.

6. Zwanzig Tage nach der Abreise kamen wir in Athen an. Während der ganzen Fahrt herrschte (= war) Unwetter, und zehnmal täglich (= am Tag) glaubten wir, verloren zu sein.

7. Die Deutschen stellen (= sagen) ihren Kindern oft folgendes (= dieses hier) Rätsel:

   Es schrieb ein Mann an eine Wand:
   Zehn Finger hab' ich an (πρός + Dat.) jeder Hand
   Fünf und zwanzig an Händen und Füßen.
   Wer das nicht weiß, muß wenig wissen (= weiß wenig).

8. Oft vernichtet ein einziger Tag, was viele Generationen von Menschen mit unzähligen Mühen vollendet haben.

XI Thematische Konjugation

XI 1 Verba vocalia

Bornemann-Risch § 89-98; Zinsmeister-Färber § 130-142

A Vokabeln

an (Richtung)	πρός (+ Akk.)
s. aneignen	κτάομαι
Arbeit	τὸ ἔργον
s. auszeichnen	εὐδοκιμέω
befehlen	κελεύω
belobigen	ἐπαινέω
beneiden	φθονέω (+ Dat.)
besiegen	νικάω
bestrafen	κολάζω
betrüben	λυπέω
brauchen, benötigen	δέομαι (+ Gen.)
deshalb	διὰ τοῦτο
Erholungspause	ἡ ἀνάπαυλα
ermahnen	παραινέω (+ Dat.)
fahren (zur See)	πλέω
fertigstellen, beenden	ἀποτελέω
fesseln	δέω
ganz, gesamt	ὅλος, -η, -ον
gebrauchen	χρῶμαι (+ Dat.)
Glück haben	εὐτυχέω
halb	ἥμισυς, -εια, -υ
Herold	ὁ κῆρυξ, -κος
hoffen	ἐλπίζω
jedenfalls	γε (enkl.); γοῦν
Kaukasos	ὁ Καύκασος
Kraft	ἡ δύναμις, -εως; ἡ ῥώμη
lachen über	γελάω (+ Akk.)
lassen, erlauben	ἐάω
lösen	λύω
mit Namen	ὀνομαστί (Adv.)
Natur	ἡ φύσις, -εως
öffentlich	δημοσίᾳ (Adv.)
Prometheus	Προμηθεύς, -έως
Regen	ὁ ὑετός; τὸ ὕδωρ, -ατος
rufen	καλέω
schenken	δωρέομαι
Sizilien	ἡ Σικελία
so	οὕτως (Adv.)
sommerlich	θερινός, -ή, -όν
sportlich	γυμνικός, -ή, -όν
Theater	τὸ θέατρον
tun	ποιέω
Unglück	ἡ συμφορά; ἡ δυστυχία
Unglück haben	δυστυχέω
Unrecht tun	ἀδικέω
unschuldig	ἀναίτιος, -ον
Volksversammlung	ἡ ἐκκλησία; ὁ δῆμος
wenn (prospektiv)	ἐάν (+ Konj.)
wenn doch	εἴθε (+ Opt.)
zuschauen	θεάομαι

B Übungssätze

1. Die Zuschauer (Part.) in den Theatern und bei den Sportveranstaltungen (= sportlichen Wettkämpfen) wollen sehen und gesehen werden.

2. a) Wir müssen alle Kräfte gebrauchen, die die Natur uns geschenkt hat. b) Laßt uns … c) Wir werden …

3. Wenn wir in dieser Schlacht [jetzt] besiegt werden, werden die Lebenden die Toten (jeweils mit Partizip übersetzen) beneiden.

4. Wenn der Bauer Regen braucht, betet er zu Zeus.

5. Laß die Kinder tun, was sie wollen! Ich ließ die Kinder tun, was sie wollten. a) Imperfekt b) Aorist.

6. a) Zeus fesselte Prometheus an den Berg Kaukasos. b) Prometheus wurde von Zeus an den Berg Kaukasos gefesselt. c) Zeus bestrafte Prometheus, indem er ihn an den Kaukasos fesselte.

7. Die Schuldigen (= die, die Unrecht getan hatten) wurden verhaftet (= gefesselt) und die Unschuldigen freigelassen (= gelöst).

8. In der morgigen (Adverb) Volksversammlung wird der Herold die besten Bürger mit Namen [auf]rufen und dann öffentlich belobigen.

9. Die Athener fuhren (zur See) nach Sizilien in der Hoffnung (Part.), Syrakus zu besiegen und sich die ganze Insel anzueignen.

10. Die eine Hälfte der Arbeit habe ich beendet, die andere werde ich in den Sommerferien (= sommerliche Erholungspause) fertigstellen.

11. Ich habe Unglück gehabt und bin deshalb betrübt. Mögest du Glück haben und dich freuen [können]!

12. Wenn doch mein Vater sehen könnte, wie ich mich unter den Gleichaltrigen auszeichne (Partizip)!

13. Man hat mich ermahnt, nicht über das Unglück der Freunde zu lachen.

XI 2 Verba muta

Bornemann-Risch § 99-102; Zinsmeister-Färber § 142-145

A Vokabeln

Alter	τὸ γῆρας, -ως	gut (Adv.)	εὖ (Adv.);
altern	γηράσκω		καλῶς (Adv.)
‚Altersnahrung‘	ἡ γηροτροφία	lügen	ψεύδομαι (Med.)
‚Alterspflege‘	ἡ γηροβοσκία	mit der Zeit	τῷ χρόνῳ
am besten	ἄριστα (Adv.)	niemand	οὐδείς, -ενός oder
auf jeden Fall	πάντως (Adv.)		μηδείς, -ενός
aufziehen,		noch	ἔτι (Adv.)
nähren	(ἐκ)τρέφω	Pflicht	τὸ δέον;
enthüllen	ἀποκαλύπτω		τὸ προσῆκον
entkommen	(ἐκ)φεύγω	Rache	ἡ τιμωρία
erfüllen	ἀποτελέω	Redner	ὁ ῥήτωρ, -ορος
erster	πρῶτος, -η, -ον	retten	σῴζω
erziehen	παιδεύω	selbst, er	αὐτός, -ή, -ό
Feuer	τὸ πῦρ, πυρός	stehlen	κλέπτω
für (Zweck)	εἰς (+ Akk.)	üben	γυμνάζω
gerne	ἀσμένως (Adv.);	überreden	πείθω
	ἡδέως (Adv.)	verbergen	(ἀπο)κρύπτω
Gesetz	ὁ νόμος	vernünftig	φρόνιμος, -η, -ον;
Glauben			ἔμφρων, -ον
schenken	πείθομαι (+ Dat.)	Wohltäter	ὁ εὐεργέτης, -ου
		Wort	ὁ λόγος

B Übungssätze

1. Nachdem Prometheus das Feuer gestohlen hatte, entging er nicht der Strafe (= Rache) des Zeus.

2. Wir werden unsere Pferde gut trainieren (= üben) und auch uns selbst für den Wettkampf üben. Denn siegen wird der, der am besten geübt ist (Partizip).

3. Viele Bürger haben sich durch die Worte des Redners überzeugen lassen (= wurden überredet), und die übrigen werden sich, glaube ich, noch überzeugen lassen.

4. Wenn du uns rettest, werden wir dich für den größten Wohltäter der Stadt halten.

5. Im Gesetz steht (= ist) geschrieben: Niemand soll das Eigentum (= die Besitztümer) eines anderen gebrauchen ohne dessen Einwilligung (= ihn nicht überredet habend).

6. Eltern, die ein Kind aufgezogen haben, erwarten, daß dieses Kind sie wiederum im Alter ernährt; ‚Altersnahrung‘ oder ‚Alterspflege‘ nennen die Griechen das. Ein Kind, das gut aufgezogen und erzogen ist, wird seine Pflicht gerne erfüllen.

7. Hoffe nicht, durch Lügen (Partizip) zu verbergen, was du getan hast; denn kein vernünftiger [Mensch] wird dir Glauben schenken, und mit der Zeit wird auf jeden Fall das Verborgene enthüllt werden.

XI 3 Verba liquida

Bornemann-Risch § 103-107; Zinsmeister-Färber § 146-148

A Vokabeln

abwehren	ἀμύνω
anlegen (Kleider)	ἐνδύομαι
Antwort geben	ἀποκρίνομαι
Asien	ἡ Ἀσία
ausschicken	ἀποστέλλω
bellen	ὑλακτέω
berichten	ἀγγέλλω
beurteilen	κρίνω
Dareios	Δαρεῖος
darum	διό; διὰ τοῦτο
euer	ὑμέτερος, -α, -ον
fordern	αἰτέω
Gesandter	ὁ πρεσβευτής, -οῦ
gesund sein	ὑγιαίνω
hindern	κωλύω
Hund	ὁ κύων, κυνός
Jäger	ὁ θηρευτής, -οῦ; ὁ κυνηγέτης, -ου
Kleid(ung)	ἡ ἐσθής, -ῆτος
Kritiker	ὁ κριτικός
Literaturwissenschaftler	ὁ γραμματικός
nachgeben	συγχωρέω

Netz	τὸ δίκτυον
nicht nur … sondern auch	οὐ μόνον … ἀλλὰ καί
obwohl	καίπερ (+ Part.)
reinigen	καθαίρω
Schrift, Literaturwerk	τὸ συγγράμμα
Schriftsteller	ὁ συγγραφεύς, -έως
Sophokles	Σοφοκλῆς, -έους
spannen	τείνω
Spartaner	ὁ Λακεδαιμόνιος
töten	ἀποκτείνω
Tragödiendichter	ὁ τραγῳδοποιός
unterscheiden	διακρίνω
unterwerfen	ὑποτάττω
verstehen	γιγνώσκω
verteidigen	ἀμύνω (+ Dat.)
Wald	ἡ ὕλη
Zeichen	τὸ σημεῖον
Zeichen geben	σημαίνω
in Zukunft	τὸ λοιπόν
zum Beispiel	οἷον (Adv.)
zwischen	μεταξύ (+ Gen.)

B Übungssätze

1. Melde den Spartanern, Fremder, daß wir hier begraben sind, wo sie uns befohlen haben, standzuhalten (= zu bleiben).

2. Wer ist es, der die Feinde abwehren und uns retten wird (Part. Fut.)?

3. Ich werde zu Hause dasselbe berichten, was ihr mir berichtet habt.

4. Ihr werdet gesund bleiben (= sein), wenn ihr eure Häuser reinigt und in Zukunft immer gut gereinigte Kleidung tragt (= anlegt).

5. Zwischen den Bäumen war ein Netz gespannt. Als die Jäger Zeichen gaben (Gen. absol.), bellten die Hunde, die Tiere im Walde versuchten zu fliehen und wurden vom Netz [daran] gehindert.

6. Von Dareios ausgeschickte Gesandte forderten von den griechischen Städten Erde und Wasser als Zeichen der Unterwerfung (verbal). Viele Städte gaben nach, aber die Athener und die Spartaner gaben keine Antwort, sondern töteten sie. (nach Herodot 7, 133)

7. Die Griechen in Griechenland selbst verteidigten sich [erfolgreich] gegen die Perser; aber viele Städte in [Klein-]Asien unterlagen den Persern, obwohl sie sich tapfer verteidigten.

8. Ein Literaturwissenschaftler muß nicht nur verstehen, was ein Dichter oder Schriftsteller sagen will, sondern auch gute und schlechte Schriften unterscheiden. Darum heißt er (= ist er genannt) auch Kritiker. Zum Beispiel ist Sophokles von vielen Kritikern als der beste Tragödiendichter anerkannt (= beurteilt; Perfekt).

XI 4 Starke Tempora

Bornemann-Risch § 108-115; Zinsmeister-Färber § 149-155

A Vokabeln

Achill	Ἀχιλλεύς, -έως	Naxos	ἡ Νάξος
als (zeitl.)	ὅτε; ὁπότε; ἐπεί	noch nie	οὐπώποτε (Adv.)
Ariadne	Ἀριάδνη	Partei	ἡ ἑταιρεία
auch nicht	οὐδέ	Patroklos	Πάτροκλος
auftreten (als Redner)	(εἰς τὸν δῆμον) ἀναβαίνω	Priamos	Πρίαμος
		s. schämen	αἰσχύνομαι
bitten	δέομαι	Schande	ἡ αἰσχύνη
damit (final)	ἵνα (+ Konj.)	Scheiterhaufen	ἡ πυρά
dazulernen	προσμανθάνω	schlachten	σφάττω
dumm	μῶρος, -α, -ον	schweigen	σιγάω
erkennen	(δια)γιγνώσκω	Tat	ἡ πρᾶξις, -εως; τὸ ἔργον
erlöschen	ἀποσβέννυμαι		
flehen	ἱκετεύω	Theseus	Θησεύς, -έως
freigeben	ἀπολύω	Tod	ὁ θάνατος
geboren werden	γεννάομαι	Troas	ἡ Τρῳάς, -άδος
Grabhügel	ὁ τύμβος	Trojaner	ὁ Τρώς, Τρωός
grausam	ὠμός, -ή, -όν	um … herum	περί (+ Akk.)
Hektor	Ἕκτωρ, -ορος	verbrennen	καίω
jener	ἐκεῖνος, -η, -ο	verlassen	καταλείπω
jüngst	νεωστί (Adv.); ἄρτι (Adv.)	Versammlung	ὁ σύλλογος
		vorfinden	καταλαμβάνω
		werden	γίγνομαι
Kriegsgefangener	ὁ αἰχμάλωτος	s. zeigen	φαίνομαι
künftig	τὸ λοιπόν	Zelt	ἡ σκηνή
Küste	ἡ ἀκτή	ziehen	ἕλκω
laufen	τρέχω	Zorn	ἡ ὀργή
Mitglied, Genosse	ὁ κοινωνός	zwölf	δώδεκα

B Übungssätze

1. Nachdem Theseus Ariadne auf der Insel Naxos verlassen hatte, fuhr er nach Athen. Dort fand er seinen Vater als jüngst Gestorbenen vor.

2. Es ist schwieriger, der Schande zu entgehen (= fliehen) als dem Tod; denn diese läuft schneller als jener. Ich sage dies, ihr Athener, damit ihr einseht (a: lernt, b: erkennt, c: wißt), daß ich eurer Anordnung (verbal), künftig zu schweigen, nicht Folge leisten (= gehorchen) werde.

3. Komm zu unserer Versammlung und werde Mitglied unserer Partei!

4. Er ist dumm geboren und hat nichts dazugelernt.

5. Patroklos wurde an der Küste der Troas begraben. Achill schlachtete auf dem Scheiterhaufen zwölf gefangene (= Kriegsgefangene) Trojaner, und die Geschlachteten wurden mit der Leiche (= dem Körper) des Patroklos verbrannt. Achill zeigte sich (Aor.) auch dadurch als besonders grausam und wild, daß er die Leiche Hektors um den Grabhügel herum schleifte (= zog). Sein Zorn erlosch aber, als Priamos in sein Zelt kam und flehentlich (verbal) bat, die Leiche des Sohnes freizugeben.

6. Du bist noch nie als Redner in der Volksversammlung aufgetreten und wirst wohl auch künftig nicht oft auftreten.

7. Erkennt (Aor.), wie böse eure Taten sind, und schämt euch!

XI 5 Deponentien

Bornemann-Risch § 116-120; Zinsmeister-Färber § 128-130

A Vokabeln

Amt	ἡ ἀρχή
Aufmerksamkeit richten	τὸν νοῦν προσέχω (+ Dat.)
Aufsichtsführender	ὁ ἐπίσκοπος
Ausgestaltung	ἡ κατασκευή
beflecken	μιαίνω
begehren	ἐπιθυμέω (+ Gen.)
bemerken	αἰσθάνομαι
beschuldigen	αἰτιάομαι
beschuldigt werden	αἰτίαν ἔχω
s. bewegen	κινέομαι
Bibliothek	ἡ βιβλιοθήκη
bringen	φέρω
damals	τότε (Adv.)
Ehre	ἡ τιμή
Einkünfte	αἱ πρόσοδοι, -ων
einmal	ποτέ (enkl.)
Elefant	ὁ ἐλέφας, -ντος
entgegentreten	ἐναντιόομαι
s. erschrecken	ἐκπλήττομαι
Feindseligkeit	ἡ δυσμένεια
freiwerden von	ἀπαλλάττομαι (+ Gen.)
Gegner	ὁ ἐναντίος; ὁ πολέμιος
s. kümmern	ἐπιμελέομαι (+ Gen.); ἐπιμέλομαι (+ Gen.)
längst	πάλαι (Adv.)
nur	μόνον (Adv.)
Perikles	Περικλῆς, -έους
Perserkönig	βασιλεύς, -έως
zu Recht	δικαίως (Adv.)
riesig	πελώριος, -α, -ον
Schlechtigkeit	ἡ κακία
Schönheit	τὸ κάλλος, -ους
Stratege	ὁ στρατηγός
Übellaunigkeit	ἡ δυσκολία
und in der Tat	καί … γε
s. unterreden, unterhalten	διαλέγομαι
wählen	αἱρέομαι
wegen, auf Grund	διά (+ Akk.)
Wettkämpfer	ὁ ἀθλητής, -οῦ

B Übungssätze

1. „Der Aufsichtsführende der Bibliothek beschuldigte mich, ein Buch verschmiert (= befleckt) zu haben.“ – „Und du bist in der Tat, wie es scheint, zu Recht beschuldigt worden!“ – „Nein, ich werde nur wegen der Bosheit (= Schlechtigkeit), Übellaunigkeit und Feindseligkeit des Aufsichtsführenden beschuldigt.“

2. Wir haben uns nicht gefürchtet, den Gegnern entgegenzutreten. Wir haben tapfer gekämpft, aber wir sind den Gegnern unterlegen (alle Verben im Aorist).

3. Wer etwas erworben hat, das er begehrte, der wird sich darüber mehr freuen als über das, was er [schon] längst besitzt (= erworben hat).

4. Vielleicht werdet ihr erschrecken, wenn der riesige Elefant sich in Bewegung setzt (= bewegt).

5. Ich wollte [schon] damals gerne mit den Gesandten des Perserkönigs ein Gespräch führen (= mich unterreden) und werde immer bereit sein, das zu tun, was beiden [Seiten] nützt.

6. Mögest du dieses Amt loswerden (= freiwerden von), welches dir mehr Mühe als Ehre bringt!

7. Als ich einmal einem Sportwettkampf zuschaute, bemerkte ich, daß die Zuschauer (Partizip) ihre Aufmerksamkeit mehr auf die Pracht (= Schönheit) der Ausstattung richteten als auf die Wettkämpfer.

8. Die Athener wählten Perikles zum Strategen. Dieser kümmerte sich, als er gewählt war, mehr um die Ausgestaltung der Stadt als um den Krieg.

9. Wer einen anderen beschuldigt, wird vielleicht [selbst] von diesem wieder beschuldigt werden.

XII Athematische Konjugation

Bornemann-Risch § 128-140; Zinsmeister-Färber § 155-169

A Vokabeln

an die Spitze treten	προίσταμαι
Angriff	ἡ ὁρμή
anstürmen	ἐπιτίθεμαι (+ Dat.)
aufstellen	ἵστημι
aussetzen (Preis)	(προ)τίθημι
befreundet	φίλος, -η, -ον
s. begegnen	ἀπαντάω
beginnen	ἄρχομαι
bestreiten	οὔ φημι
beweisen	ἀποδείκνυμι
dagegen-setzen	ἀντιτίθημι
Daphnis	Δάφνις, -ιδος
einander	ἀλλήλων (nur obl. Kasus, Dual und Plural)
erleiden	πάσχω
Feind	ὁ ἐχθρός
Feldherr	ὁ στρατηγός
Gebirge, Berg	τὸ ὄρος, -ους
das Gerechte	τὸ δίκαιον
geschrieben	γραπτός, -ή, -όν
Habgieriger	ὁ πλεονέκτης, -ου
Herde	ἡ ἀγέλη
Hirtenflöte	ἡ σύριγξ, -ιγγος
höchstes Gut	τὸ μέγιστον ἀγαθόν
ich jedenfalls	ἔγωγε
jedesmal	ἑκάστοτε (Adv.)
Kalb	ὁ μόσχος
Lager (milit.)	τὸ στρατόπεδον
Lamm	ὁ ἀμνός
Menalkas	Μενάλκας, -α
Musenkunst	ἡ μουσικὴ (τέχνη)
Preis (eines Wettkampfs)	τὸ ἆθλον
scheinen	φαίνομαι
setzen	τίθημι
so … also	δή; τοίνυν
Sokrates	Σωκράτης, -ους
Sommer	τὸ θέρος, -ους
überlassen	ἀφίημι; παραδίδωμι (+ Dat.)
undankbar	ἀχάριστος, -ον
ungeschrieben	ἄγραφος, -ον
unzuverlässig	ἄπιστος, -ον
vorführen, zeigen	ἐπιδείκνυμι
Wache	ὁ/ἡ φύλαξ, -ακος
wie?	πῶς
zornig sein	ἀγανακτέω

B Übungssätze

1. Weil der Feldherr einen Angriff der Feinde fürchtete, stellte er Wachen um sein Zelt auf und um das ganze Lager herum.

2. Wir glauben nicht (= bestreiten), daß schlechte Menschen [mit]einander befreundet sind; denn wie könnten undankbare, habgierige und unzuverlässige [Menschen] Freunde sein (Potentialis)?

3. Die Hirten Daphnis und Menalkas begegneten sich im Gebirge und wollten beide gerne ihre Musenkunst vorführen. [Da] unterhielten sie sich folgendermaßen:
   D. Laßt uns einen Preis aussetzen (Konj.) für den, der am besten singt! Ich jedenfalls könnte dir ein Kalb aus meiner Herde geben (Potentialis), wenn du siegst. Setze du ein Lamm!
   M. Aber ich habe dir kein Lamm anzubieten (= zu geben). Denn mein Vater wird jedesmal zornig, wenn ich nur ein einziges Tier verliere (oder: wenn mir ein einziges Tier verloren geht).
   D. Was wirst du dann aussetzen? Es wäre (= ist) nicht gerecht, wenn (AcI) du nichts dagegensetztest.
   M. Wenn ich dir meine Hirtenflöte überlasse, wird es für mich kein großer Schaden sein (= werde ich nichts Übles erleiden). So soll also die Hirtenflöte ausgesetzt sein!

   (nach Theokrit, *Idyll* 8)

4. Es gibt (= sind) geschriebene und ungeschriebene Gesetze; die einen haben sich die Menschen gegeben (= gesetzt), die anderen haben die Götter den Menschen gegeben.

5. Als der Sommer anbrach (= begann), traten die gewählten Archonten an die Spitze des Staates.

6. Daß Sokrates das Gerechte als höchstes Gut ansah, bewies er beständig in seinen Taten.

XIII Kasussyntax

XIII 1 Akkusativ 1

Bornemann-Risch § 163-165; Lindemann-Färber § 30-34

A Vokabeln

Abstammung	τὸ γένος, -ους
Attika	ἡ Ἀττική
aufbrauchen	(κατ)αναλίσκω
barbarisch	βάρβαρος, -ον
beleidigen	κακῶς λέγω
besiedeln	κατοικίζω
(be)wohnen	οἰκέω; ἐν-/κατοικέω
Bruder	ὁ ἀδελφός
Demetrios	Δημήτριος
Freier	ὁ μνηστήρ, -ῆρος
früher	πάλαι (Adv.)
Gefahr	ὁ κίνδυνος
geschehen	γίγνομαι
Haus(halt)	ὁ οἶκος
heiraten (von d. Frau)	γαμέομαι (+ Dat.)
heiraten (vom Mann)	γαμέω (+ Akk.)
Homer	Ὅμηρος
König sein	βασιλεύω
Mörder	ὁ φονεύς, -έως
nach Hause	οἴκαδε (Adv.)
Name	τὸ ὄνομα, -ατος
niederschießen	κατατοξεύω
Penelope	Πηνελόπη
s. rächen an	τιμωρέομαι (+ Akk.)
schwören bei	ὄμνυμι (+ Akk.)
stolz sein	μέγα φρονέω
Telemach	Τηλέμαχος
übertreten	παραβαίνω
Unrecht (mit Unrecht) vergelten	ἀνταδικέω
verborgen sein	λανθάνω (+ Part.)
verfolgen	διώκω
vornehm	εὐγενής, -ές
Vorrat	τὰ ὑπάρχοντα; τὰ παρόντα
warten	μένω
weinen	δακρύω; κλαίω
woher	ὅθεν (Adv.); ἀφ᾽ οὗ
zwingen	ἀναγκάζω; βιάζομαι

B Übungssätze

1. Homer lehrt, daß es gut (= schön) sei, den Freunden zu nützen und den Feinden zu schaden. Sokrates dagegen sagte: Man muß (= es ist nötig) sowohl Freunden wie Feinden Gutes tun. Wer ein Unrecht erlitten hat, darf es dem Täter (verbal) nicht mit einem Unrecht vergelten.

2. Schwöre mir bei denjenigen Göttern, die du verehrst!

3. Odysseus kehrte nach Hause zurück, nachdem er vielen Gefahren entkommen war (Part.). Penelope hatte auf ihn gewartet (Aor.); zwar wollten viele vornehme junge Männer sie heiraten, sie selbst aber war nicht bereit (= wollte nicht), einen von ihnen zu heiraten. Viele Freier hielten sich im Hause auf, brauchten die Vorräte auf, beleidigten den Sohn Telemach und übten Druck auf Penelope aus (= zwangen sie). Odysseus rächte sich an ihnen, indem er alle [mit Pfeilen] niederschoß (Part.).

4. Es nützt dir nichts, über das Geschehene zu weinen.

5. In Pamphylien wohnen viele Stämme (= Völker), griechische sowohl wie barbarische, woher es auch seinen Namen hat. Sie alle haben das Land in alter Zeit (= früher) besiedelt. Die Bewohner von Attika dagegen waren stolz, daß sie alle von derselben Abstammung waren.

6. Demetrios floh vor seinem Bruder, als dieser König wurde (Part.), aber er entkam den Mördern nicht, die ihn verfolgten.

7. Manche Leute übertreten die Gesetze, ohne daß jemand es bemerkt (= sind verborgen vor allen, indem sie die Gesetze übertreten).

XIII 2 Akkusativ 2

Bornemann-Risch § 166-173; Lindemann-Färber § 35-45

A Vokabeln

Alkinoos	Ἀλκίνοος
anklagen	κατηγορέω (+ Gen.)
ansonsten	τὰ ἄλλα
Auge	ὁ ὀφθαλμός
ausbilden	παιδεύω
beibringen	διδάσκω
betreiben	σπεύδω; σπουδάζω
Charakter	τὸ ἦθος, -ους
einer v. beiden	ἕτερος, -α, -ον
Freizeit haben	σχολάζω
Fuß	ὁ πούς, ποδός
ganz und gar	πάντως; παντάπασιν
Gemeinwesen	ἡ πόλις, -εως; τὸ κοινόν
gleich	ἴσος, -η, -ον
Held	ὁ ἥρως, -ωος
Herakles	Ἡρακλῆς, -έους
Kleinias	Κλεινίας, -ου
Kleon	Κλέων, -ωνος
lahm	χωλός, -ή, -όν
lahm sein	χωλεύω
Laie	ὁ ἰδιώτης, -ου
leiden (an e. Krankheit)	νοσέω; κάμνω
Mathematik	ἡ μαθηματική; τὰ μαθήματα

Meeresbucht	ὁ κόλπος
münden	εἰσβάλλω; ἐμβάλλω
Olympische Spiele	(τὰ) Ὀλύμπια
reiten	(ἵππῳ) ἐλαύνω; ἱππεύω
Schicksal	ἡ συμφορά
schlafen	καθεύδω
Schmerzen haben	ἀλγέω
schrecklich	δεινός, -ή, -όν
schwachsichtig	ἀμβλύς, -εῖα, -ύ
Stelle	ὁ τόπος
Stunde	ἡ ὥρα
überqueren	διαβαίνω
übertreffen	ὑπερβάλλω; ὑπερέχω
unheilbar	ἀνίατος, -ον
verderben	διαφθείρω
verrichten	πράττω; ἐργάζομαι
Viergespann	τὸ τέθριππον
Vorfahren	οἱ πρόγονοι
weiterziehen	ἐξελαύνω
wirklich	ἀληθῶς (Adv.)
wo (Rel.)	οὗ

B Übungssätze

1. Kleon kam zu unserem Haus geritten.

2. Der Feldherr kam beim Weiterziehen an eine Stelle, wo der Fluß in eine Meeresbucht mündete, und mußte ihn hier überqueren.

3. Kleon litt an einer unheilbaren Krankheit. Trotzdem siegte er bei den olympischen Spielen mit dem Viergespann.

4. Herakles verrichtete viele große Taten, und dennoch ging es ihm niemals im Leben wirklich gut.

5. Als Odysseus über das Schicksal der griechischen Helden weinte, [da] fragte ihn König Alkinoos nach seinem Namen und seiner Heimat. – Odysseus wurde nach seinem Namen und nach seiner Heimat gefragt.

6. Wenn jemand ein schreckliches Unrecht gegen das Gemeinwesen begeht (= tut), soll ihn jeder Bürger anklagen. Dies befiehlt uns das Gesetz, damit nicht jeder nur seine [eigenen] Angelegenheiten betreibt.

7. Ich freue mich, daß du mir die Mathematik beibringen willst. Ansonsten bin ich gut ausgebildet, hierin aber bin ich ganz und gar Laie.

8. Kleinias war von vornehmer Abstammung, aber mit seinem Charakter übertraf er alle seine Vorfahren.

9. Wir arbeiten acht Stunden am Tag (Gen.), schlafen ebensolange (= die gleiche Zeit) und haben ansonsten Freizeit.

10. Ich bin an einem Fuß lahm, habe Schmerzen im Magen, bin schwachsichtig auf den Augen, [kurz] am ganzen Körper bin ich hinfällig (= verdorben).

11. Alle verheimlichten (= verbargen) dem Vater den Tod des Sohnes. – Dem Vater wurde der Tod des Sohnes verheimlicht.

XIII 3 Genetiv 1

Bornemann-Risch § 176-180; Lindemann-Färber § 47-56. 65-70

A Vokabeln

also	οὖν	nachlässig sein	ἀμελέω
Aristoteles	Ἀριστοτέλης, -ους	nur	μόνον (Adv.)
Aufgabe	τὸ ἔργον	Preis	ἡ τιμή
aufnehmen	δέχομαι	Prozeß	ἡ δίκη
außerdem	πρὸς τούτῳ	Schlag	ἡ πληγή
bevor	πρίν	schlechte Eigenschaft	ἡ κακία
Bodenschätze	τὰ μέταλλα	seltsam	ἄτοπος, -ον
Diebstahl	ἡ κλοπή	Sprache	ὁ λόγος
einkaufen	ὠνέομαι	tüchtig	χρηστός, -ή, -όν
Fach, Kunst	ἡ τέχνη	Tugend	ἡ ἀρετή
finden	εὑρίσκω	überführt werden	ἁλίσκομαι
freisprechen	ἀπολύω	ungehorsam sein	ἀπειθέω
freundlich (gesinnt)	φιλόφρων, -ονος	verdienen	ἄξιός εἰμι
Gastfreund	ὁ ξένος	verkaufen	πωλέω
gemeinsam	κοινός, -ή, -όν	Verletzung	τὸ τραῦμα, -ατος
Geschworener	ὁ δικαστής, -οῦ	verurteilt werden	ὀφλισκάνω
Gewinn	τὸ κέρδος, -ους	Vorgesetzter	ὁ ἡγεμών, -όνος; ὁ ἄρχων, -οντος
Kaufmann	ὁ ἔμπορος	s. wenden	τρέπομαι
Kleitos	Κλεῖτος	wohin?	ποῖ
Korinth	ἡ Κόρινθος		
Laurion	(τὸ) Λαύρειον		
mittlerer	μέσος, -η, -ον		
Mord	ὁ φόνος		

B Übungssätze

1. Es ist [typisch] für einen Soldaten, mehr an Ruhm und Gewinn zu denken als an Gefahr.

2. Die Sprache ist allen Menschen gemeinsam.

3. Ein Soldat, der seinen Vorgesetzten ungehorsam ist, verdient Schläge.

4. Nach Aristoteles liegt (= ist) die Tugend in der Mitte [zwischen] zwei schlechten Eigenschaften.

5. Ein Kaufmann muß (= es ist nötig) zu einem höheren Preis verkaufen als einkaufen, sonst kann er nicht leben.

6. Griechenland ist arm an Bodenschätzen, doch findet sich (= wird gefunden) in Laurion in Attika Silber.

7. Hört mich an, bevor (πρίν + Inf.) ihr mich eines Verbrechens beschuldigt!

8. Als ich in Korinth ankam, wußte ich nicht, wohin in der Stadt ich mich wenden sollte. Ich hatte dort keinen Gastfreund, nur (= aber) ein gewisser Xanthias war mir bekannt. Ich ging also zu Xanthias und traf ihn zu Hause an. Er nahm mich freundlich auf und gab mir alles, was ich brauchte.

9. Niemand, der nachlässig ist in seinen Aufgaben, wird in seinem Fach tüchtig werden.

10. Dieser Prozeß war sehr seltsam. Kleitos beschuldigte seinen Bruder des Diebstahls; dieser wurde außerdem noch des Mordes überführt, aber da viele Geschworene mit ihm befreundet waren, wurde er sowohl vom Mord wie vom Diebstahl freigesprochen und nur wegen einer [Körper-]verletzung (Pl.), die bei einer Prügelei (= durch Schläge) geschehen war, verurteilt.

XIII 4 Genetiv 2

Bornemann-Risch § 181-185; Lindemann-Färber § 57-64

A Vokabeln

Ätna	ἡ Αἴτνη
anfangen	ἄρχω
Apfel	τὸ μῆλον
aufessen	(κατ)εσθίω
aufschreiben	ἀνα-/συγγράφω
aus d. Ferne	πόρρωθεν (Adv.)
ausschließen	εἴργω
beenden	παύω
s. beherrschen	ἐμαυτοῦ κρατέω
bei, während	κατά (+ Akk.); περί (+ Akk.)
berauben	στερέω
bewundern	θαυμάζω
Donner	ἡ βροντή
Einzelheiten	τὰ καθ' ἕκαστον
Ereignisse	τὰ γενόμενα
erfahren	πυνθάνομαι
erinnern	ἀναμιμνήσκω
Eros	Ἔρως, -ωτος
Erzählung	ἡ διήγησις, -εως
Feige	τὸ σῦκον
Feuer speien	πῦρ ἀναπέμπω
Greis	ὁ γέρων, -οντος
Großvater	ὁ πάππος
Herr	ὁ δεσπότης, -ου
hören	ἀκούω
Knabe	ὁ παῖς, παιδός
kosten	γεύομαι
Krater	ὁ κρατήρ, -ῆρος
Kuchen	ὁ πλακοῦς, -ντος
Lärm	ὁ θόρυβος
Leid, Trauer	ἡ λύπη
loswerden	ἀπαλλάττομαι
Mahlzeit	τὸ δεῖπνον
Matrose	ὁ ναύτης, -ου
Nuß	τὸ κάρυον
riechen	ὀσφραίνομαι
sagen (hier wie lat. *inquit*)	φημί (enkl.)
Sanftmut	ἡ πραότης, -ητος
schließlich	τέλος (Adv.)
Schwefel	τὸ θεῖον
sollen (= werden)	μέλλω (+ Inf.)
Sonne	ὁ ἥλιος
spüren	αἰσθάνομαι
verliebt sein	ἐράω; ἔραμαι
vorher tun, zuvorkommen	φθάνω (+ Part.)
Weintraube	ὁ βότρυς, -υος
zuallererst	πρῶτον πάντων

B Übungssätze

1. Wer über andere herrschen soll (= wird), muß zuallererst Selbstbeherrschung haben (= sich selbst beherrschen).

2. Wir erfuhren von den Matrosen, daß sie aus der Ferne sahen, wie der Ätna aus seinem Krater Feuer spie (Part.); sie hörten den Berg donnern (= den Donner des Berges) und rochen den Schwefel.

3. Wir alle haben deine Sanftmut bei dem Streit bewundert.

4. Wer von euch hat den Streit angefangen?

5. Ich werde dafür sorgen, daß ihr mit dem Lärm aufhört (= Ich werde euren Tumult beenden)!

6. Sophokles soll (λέγεται + NcI) in viele Knaben verliebt gewesen sein. Aber als er alt [geworden] war, soll er gesagt haben: Ich freue mich, daß ich Eros, den harten (= schwierigen) Herren, los bin.

7. Die Seelen im Hades müssen das Sonnenlicht entbehren (= sind beraubt) und spüren weder Freude noch Leid.

8. Die jüngsten Ereignisse erinnern mich an eine alte Überlieferung (= Rede), die ich von meinem Großvater gehört habe. Ich habe ihn oft nach den Einzelheiten gefragt und schließlich die ganze Erzählung (= Rede) aufgeschrieben.

9. Wer nicht von griechischer Abstammung war, wurde von den Olympischen Spielen ausgeschlossen.

10. Wir naschten (= kosteten) nach der Mahlzeit Weintrauben, Feigen, Nüsse und Äpfel. Nur Kuchen (Pl.) bekamen wir nicht, denn die Kinder hatten sie vorher aufgegessen.

XIII 5 Dativ 1

Bornemann-Risch § 186-189; Lindemann-Färber § 71-80

A Vokabeln

alter Mensch	ὁ γέρων, -οντος
angemessen sein	πρέπει (+ Inf./AcI)
Apologie	ἡ ἀπολογία
bewachen	φυλάττω
s. erinnern	μέμνημαι
folgen	ἕπομαι; ἀκολουθέω
gehorchen	πείθομαι
Glück, Glückseligkeit	ἡ εὐδαιμονία
großen Schaden zufügen	μεγάλα/πολλά βλάπτειν
in den Krieg ziehen	στρατεύομαι
jugendlich	νέος, -α, -ον
kräftig	ἰσχυρός, -ά, -όν

Mauer	τὸ τεῖχος, -ους
mißgönnen, beneiden	φθονέω (+ Dat./Gen.)
mit	μετά (+ Gen.)
niederschreiben	συγγράφω
Pfeil	τὸ τόξευμα, -ατος
Proxenos	Πρόξενος
rächen (jd.)	τιμωρέω (+ Dat.)
schicken	πέμπω
schonen	φείδομαι
schwach	ἀσθενής, -ές
Speer	τὸ δόρυ, δόρατος
Sterbliche	οἱ θνητοί
Tor	αἱ πύλαι
Vernunft	ὁ νοῦς, -οῦ
Xenophon	Ξενοφῶν, -ῶντος

B Übungssätze

1. Achill wollte nicht [weiter]leben, ohne seinen Freund Patroklos gerächt zu haben.

2. Gib dem Armen etwas Geld!

3. Zeus schickt den Menschen sowohl Gutes wie Böses (= Schlechtes).

4. Xenophon ließ sich von Proxenos überreden (= gehorchte), mit Kyros in den Krieg zu ziehen.

5. Man muß Gott folgen und der Vernunft gehorchen; denn das letztere (= dieses) ist dasselbe wie das erstere (= jenes).

6. Zu Jugendlichen paßt es (= ist angemessen), verliebt zu sein; zu alten Leuten nicht.

7. Manche sagen, die Götter mißgönnten den Menschen ihr Glück, weil das Glück für Sterbliche nicht angemessen sei.

8. Wir werden alle unsere Freunde verteidigen, ohne uns selbst zu schonen.

9. Wir müssen uns gegen unsere Nachbarn verteidigen, weil sie uns angreifen und großen Schaden zufügen.

10. Wir haben alles getan (= Alles ist von uns getan), was möglich war.

11. Erinnerst du dich an die Worte (= das Gesagte) des Sokrates in der von Platon niedergeschriebenen Verteidigungsrede (= Apologie)?

12. Alle kräftigen Bürger müssen von der Mauer (Pl.) gegen die Feinde kämpfen, die Schwächeren müssen die Tore bewachen, die Frauen müssen zu den Göttern beten, und die Kinder müssen den Kämpfenden Speere und Pfeile bringen („müssen“ ist hier jeweils mit dem Verbaladjektiv wiederzugeben).

XIII 6 Dativ 2

Bornemann-Risch § 190-194; Lindemann-Färber § 81-86

A Vokabeln

abschlagen	ἀποκόπτω
angreifen	ἐπέρχομαι
Anhänger	οἱ περί τινα
Aristophanes	Ἀριστοφάνης, -ους
auf jede Weise	παντὶ τρόπῳ
auffordern	παρακαλέω
aufgebracht sein	ἄχθομαι; χαλεπῶς φέρω
bei weitem	πολλῷ (Adv.)
beschließen	γιγνώσκω; βουλεύομαι
Bundesgenosse sein	συμμαχέω
Dorf	ἡ κώμη
ebenso wie	ὁμοίως (Adv.)
freundschaftl. verkehren	φίλῳ χρῶμαι
Frieden schließen	σπένδομαι
führender Politiker	ὁ τοῦ δήμου προστάτης, -ου
gefallen	ἀρέσκω
Gegner sein, bekämpfen	ἀγωνίζομαι; διαμάχομαι
Helm	τὸ κράνος, -ους
z. Hilfe kommen	βοηθέω; ἐπικουρέω
ja sogar	καὶ δὴ καί
Konvention	ὁ νόμος
kritisieren	ὀνειδίζω
Mittel, Kunstgriff	ἡ μηχανή
nicht wissen	ἀγνοέω; ἀπορέω
ohne zu	οὐ/μή (+ Part.)
Schnelligkeit	τὸ τάχος, -ους
Stein	ὁ (ἡ) λίθος
mit Tagesanbruch	ἅμα τῇ ἡμέρᾳ
tausend	χίλιοι, -αι, -α
s. treffen	συγγίγνομαι; συνέρχομαι
s. unterscheiden	διαφέρω (+ Gen.)
werfen	βάλλω; ῥίπτω
wohltun	εὐεργετέω (+ Akk.)
zusammen sein	σύνειμι (+ Dat.)

B Übungssätze

1. Nachdem die Athener mit den Persern Frieden geschlossen hatten, verkehrten viele von ihnen freundschaftlich mit diesen, ja sogar mit dem Großkönig selbst.

2. Als gemeldet wurde, daß die Feinde das Land angriffen, war ich mit den anderen Feldherren zusammen; und wir beschlossen, die Dörfer nicht zu verteidigen, aber die Stadt auf jede Weise und mit allen Mitteln zu retten.

3. Mit Tagesanbruch trafen sich die Feldherren der feindlichen Heere und verhandelten miteinander.

4. Der eine Feldherr kam dem anderen mit tausend Mann zu Hilfe, aber dieser wußte nicht, was er mit diesem Heer anfangen (= wozu er es gebrauchen) sollte.

5. Die einstigen Lehrer der Griechen, Homer und die anderen Dichter, forderten dazu auf, den Freunden zu nützen und den Feinden zu schaden, den Freunden Bundesgenosse zu sein und den Feinden ein Gegner. Sokrates aber und seine Anhänger sagten, man müsse allen Menschen nützen und wohltun, den Feinden ebenso wie den Freunden.

6. Mit einem einzigen Schlag schlug er dem Gegner den Kopf samt dem Helm ab.

7. Die Soldaten warfen mit Steinen nach ihrem Feldherrn. (nach Xenophon)

8. Das Pferd übertrifft den Menschen bei weitem an Schnelligkeit.

9. Von Natur sind die Menschen einander gleich, [nur] durch Konvention unterscheiden sich Freie von Sklaven, Griechen von Barbaren.

10. Je kürzer eine Rede war, umso mehr gefiel sie den Spartanern.

11. Viele Athener waren aufgebracht über die Komödien des Aristophanes, weil er darin die führenden Politiker kritisierte.

I Akzente und Spiritus; Enklise

Bornemann-Risch § 4-11; Zinsmeister-Färber § 15-24

C Lösungen

1. Λέγουσι πᾶσαν τὴν πόλιν σεισμῷ ἀπολέσθαι καὶ ἅμα τοὺς ἐν αὐτῇ ἀνθρώπους.

- ἐν αὐτῇ hat die Funktion eines Attributs zu τοὺς ἀνθρώπους und steht deshalb in attributiver Stellung, d.h. zwischen Artikel und Substantiv [BR 150; LF 11a].
- Inhalt: 373 v.Chr. versank Helike (am Golf von Korinth) im Meer. Davon ist vielleicht Platons Erzählung über den Untergang von Atlantis angeregt.

2. Φεῦγε πονηρίαν τε τοῦ ἤθους καὶ κακὰ κέρδη.

- Bei abstrakten Substantiven fehlt oft der Artikel [BR 149.4; LF 21c].
- τε gehört zu den nachgestellten (postpositiven) Partikeln und ist gleichwertig mit vorangestelltem καί. τε … καί verbindet zwei gleichgeordnete Wörter oder Wortgruppen enger als einfaches καί. Mit καί … καί „sowohl … als auch" werden die zwei Wörter dagegen als selbständige Größen aufgefaßt. – Postpositive Partikeln stehen in einer eng zusammengehörigen Wortgruppe nach deren erstem Wort.

3. Ὥρα ἤδη ἐστί μοι ἀπιέναι· ἀλλ᾽ αὖθις ἥξω, εἴ ποτέ μου δεήσεσθε.

- ἀλλ᾽ αὖθις: Die Elision dient (ebenso wie das ν ἐφελκυστικόν und die Krasis) dazu, einen Hiat zu vermeiden. Diese Schreibweisen sind aber nicht obligatorisch.
- Bei mehreren aufeinanderfolgenden Enklitika gibt jedes (angefangen vom letzten) seinen Akzent an das vorhergehende ab [BR 11 Anm. 2; ZF 24.2].

4. Πρᾶος μέν εἰμι, λοιδορίαν δ᾽ οὐκ ἀνέχομαι.

- Die (postpositiven) Partikeln μέν … δέ markieren eine Antithese „zwar … aber"; abgeschwächt können sie die Bedeutung „einerseits … andererseits" haben oder nur eine Reihe von Aussagen gliedern. (Φίλων μὲν ἐκιθάριζεν, Δείνων δὲ ᾖδεν „Philon spielte auf der Kithara, Deinon sang [dazu]".) – μέν und δέ stehen hinter den gegensätzlichen Begriffen, bei engen Wortgruppen jedoch hinter dem ersten Wort der Gruppe, z.B. dem Artikel, s.u. Satz 8.

5. Πάντ᾿ ἐσθίει ὁ ὄνος, ὁ δ᾿ ἵππος οὔ.

➢ οὐ trägt am Satzende einen Akzent [BR 10.2b; ZF 22.6 Anm. 1].

6. Τοῦτ᾿ ἔστι χαλεπώτερον ἐκείνου.

➢ ἐστί(ν) ist gewöhnlich enklitisch. Es wird jedoch ἔστι(ν) betont [BR 138.1; ZF 162.1]:
- nach ὡς, οὐκ, εἰ, καί, τοῦτ᾿ und ἀλλ᾿
- in der Bedeutung „es ist möglich, erlaubt" (= ἔξεστιν)
- in der Bedeutung „existiert" (diese Regel scheint aber erst aus byzantinischer Zeit zu stammen)

7. Ἀεὶ λέγε τἀληθὲς καὶ μὴ λάλει ταῦθ᾿ ἃ κρύπτειν δεῖ.

➢ Bei Krasis (häufig beim Artikel) geht der Akzent des ersten Wortes verloren: τὸ ἀληθές > τἀληθές [BR 26.3; ZF 21.2e].

➢ Bei Elision vor behauchtem Vokal ändert sich die Tenuis (π, τ, κ) in die entsprechende Aspirata (φ, θ, χ): ταῦτα ἅ > ταῦθ᾿ ἅ [BR 25.1; ZF Regel 10.4].

8. Ἡ μὲν πόλις ἡμῶν οὐκ ἔστι πλουσία, ἀλλ᾿ ἐάν τις ἀπορῇ, οἷά τ᾿ ἐστὶ βοηθῆσαι.

➢ οὐκ ἔστι: siehe Anmerkung zu Satz 6.

➢ ἐάν + Konjunktiv drückt den prospektiven Sinn im Konditionalsatz aus [BR 279; LF 170].

➢ οἷα τ᾿ ἐστί: Das Enklitikon ἐστί behält seinen Akzent, weil der Vokal, auf den sein Akzent fallen müßte (τε), elidiert ist [BR 11.2c α; ZF 24 Anm. 2]. Wenn man diesen Vokal aber ausschreibt, wird er akzentuiert: οἷα τέ ἐστι.

➢ Auslautendes -αι und -οι in Deklinations- und Konjugationsendungen gilt für die Akzentuierung als kurz, außer -αι und -οι im Optativ [BR 87; ZF 123.1].

9. Διὰ τί κάκ᾿ ἔργα δρᾷς, εἰ τὰ χρήστ᾿ οἶσθα σαφῶς;

➢ κάκ᾿ und χρήστ᾿: Bei der Elision von endbetonten Wörtern erscheint der Akzent als Akut auf der vorausgehenden Silbe, außer bei Präpositionen und Konjunktionen (z.B. ἀπ᾿ ἐμοῦ) [BR 25.3; ZF 21.2f].

➢ Mit kleinen Änderungen läßt sich aus dem Satz ein Vers (jambischer Trimeter [BR 317; LF 213]) herstellen: τί δρᾷς κάκ᾿, εἰ τὰ χρήστ᾿ ἐπίστασαι σαφῶς;

∪ – ∪ – ∪ – ∪ – ∪ – ∪ –

Hierbei ist zu beachten, daß die Endung -αι in ἐπίστασαι zwar für den Akzent als kurz (s.o. Satz 8), in der Metrik jedoch als lang gilt. Zum Bau des jambischen Trimeters s.u. VI Satz 8.

II A-Deklination

Bornemann-Risch § 29-34. 37. 39; Zinsmeister-Färber § 36-40. 63-66

C Lösungen

1. Ἡ δόξης ἐπιθυμία πολλάκις ἀρχή (ἐστιν) ἀδικίας καὶ ἀσεβείας.

➢ ἀρχή erhält hier keinen Artikel, weil es Prädikatsnomen ist [BR 149.1; LF 17a], aber vgl. VI Satz 8.

➢ Bei Sentenzen, in unpersönlichen Ausdrücken, beim Verbaladjektiv und in kurzen Sätzen (bes. umgangssprachlich) kann ἐστίν entfallen [BR 255.4; LF 5.1].

2.

Μετὰ τὴν ἧτταν οἱ	πολέμιοι ἐναντίοι	στρατιῶται	ἔφευγον. ἔφυγον.	

➢ „feindlich": • πολέμιος kriegerisches Verhältnis
• ἐναντίος allgemeines Gegenüberstehen
• ἐχθρός im Sinne eines gegebenen Freund-Feind-Verhältnisses (φίλος - ἐχθρός), auch emotional: verhaßt
• δυσμενής feindlich gesinnt

➢ Aspekt: Das Imperfekt beschreibt den Vorgang (durativ), der Aorist konstatiert ihn (komplexiv) [BR 211b; LF 119]; warum ein Autor diesen oder jenen Aspekt wählt, ist oft erst aus dem Textzusammenhang zu verstehen.

3. Εἰρήνη οὐκ (ἔστιν) ἄνευ δίκης.

➢ Erinnerung: Nach ὡς, οὐκ, εἰ, καί, τοῦτ' und ἀλλ' erhält ἐστίν den Akzent auf der vorderen Silbe, s.o. I Satz 6. Zur Auslassung von ἐστίν s.o. Satz 1.

4.

(Ἐξ ἀλλοτρίων χωρῶν) Ἐξ ἀλλοτρίας (γῆς) Ἀλλοδαποὶ	πολλοὶ ναῦται	εἰς Ἀθήνας Ἀθήναζε	ἔρχονται.

➢ „Land" im Sinne von „Gebiet": ἡ χώρα oder ἡ γῆ. Der Plural von χώρα wird aber selten, der von γῆ fast nie gebraucht. – γῆ wird bei einem Adjektiv oft weggelassen. – ἀλλοδαπός (Adjektiv): von anderswo stammend.

➢ Ἀθήναζε: Mit Ausnahme einiger Ortsadverbien zu Städtenamen werden Orts- und Richtungsangaben durch Präpositionalausdrücke mit ἐν + Dat. (wo?) [BR 192; LF 81] und εἰς + Akk. (wohin?) und einige andere Präpositionen wiedergegeben.

5.

Αἱ	Ἀθηναῖαι	κόραι	(τῇ) Ἀθηνᾷ (ἐν) τῇ ἑορτῇ (αὐτῆς)
	Ἀττικαὶ	παρθένοι	

καλὴν	πομπὴν πέμπουσιν.
λαμπρὰν	

- Ἀθηναῖος ist das Ethnikon, Ἀττικός das Ktetikon: s. Anhang S. 148.
- „Mädchen“: • ἡ κόρη jung
  • ἡ παρθένος unverheiratet
  Vgl. Wortfeld „Lebensalter“ S. 141.
- (τῇ) Ἀθηνᾷ: Namen stehen im allgemeinen ohne Artikel. Bei Göttern und sehr bekannten Persönlichkeiten kann emphatisch ein Artikel zugefügt werden.
- Zum temporalen Dativ mit ἐν (Zeitraum) bzw. ohne ἐν (Zeitpunkt): BR 193; LF 82.
- τῇ ἑορτῇ: Ein Besitz- oder Zuordnungsverhältnis kann einfach durch den bestimmten Artikel ausgedrückt werden [BR 67.3; ZF 92.1]. Ein Possessivpronomen ist nur nötig, wenn ein Mißverständnis verhütet werden soll; es kann zur Hervorhebung hinzugefügt werden. In der 3. Person wird dafür der Genetiv von αὐτός verwendet [BR 67.2; ZF 92.3].
- πομπὴν πέμπειν ist eine sogenannte *Figura etymologica* [BR 170.1; LF 42 Anm. 2]; das Akkusativobjekt ist mit dem Verb stammverwandt. In Prosa gewöhnlich nur verwendet, wenn das Objekt durch ein Attribut näher bestimmt ist, weil der Ausdruck sonst tautologisch ist; vgl. u. V Satz 4.

6.

Ἡ	πρὸ	τῆς οἰκίας	χώρα μεστὴ	ἦν λιθίνων στηλῶν.
Ὁ	ἔμπροσθεν		τόπος μεστὸς	

- „vor dem Haus“: zur attributiven Stellung s.o. I Satz 1.
- „Haus“: • ἡ οἰκία das Haus als Gebäude
  • ὁ οἶκος der gesamte Haushalt (Familie und Besitztum)
- „Platz“: • ἡ χώρα Raum
  • ὁ τόπος Ort
- Nach Ausdrücken für „voll“ steht der *Genetivus partitivus* [BR 178g; LF 52].
- Eine στήλη ist eine aufrechtstehende Platte mit Inschriften oder bildlichen Darstellungen.

7.

Ποιητὴς	ἔνδοξος	τῇ θεᾷ	καινὴν	ᾠδὴν ποιεῖ, καὶ χορευταὶ
	λαμπρὸς	τῷ θεῷ	νέαν	

πολλοὶ αὐτὴν ᾄδουσιν.

- ὁ/ἡ θεός ist *Substantivum commune* wie z.B. auch ὁ/ἡ παῖς und ὁ/ἡ βοῦς [BR 29.2 Anm.; ZF 29a]. „Göttin" heißt gewöhnlich ἡ θεός; ἡ θεά wird öfter in der Dichtersprache gebraucht, in der Prosa selten und meist in kontrastierenden Verbindungen wie θεοὶ καὶ θεαὶ πάντες καὶ πᾶσαι.

8. Μὴ πιστεύετε	τῇ ἀπίστῳ τύχῃ. τῇ τύχῃ τῇ ἀπίστῳ.

- Imperative werden mit μή verneint [BR 250.3; LF 137 IIa].
- Ein Attribut kann (statt zwischen Artikel und Substantiv) auch nach dem Substantiv mit Wiederholung des Artikels stehen. Durch die Schlußstellung wirkt es emphatischer [BR 150; LF 11].

9. Ἡ τοῦ ἀνθρώπου ψυχὴ κατὰ	τὴν Πλάτωνος δόξαν Πλάτωνα	ἀθάνατός ἐστιν.

- „Meinung" „Lehre": • ἡ δόξα Meinung, Lehrmeinung
  - ἡ γνώμη Einsicht, Ansicht
  - τὸ δόγμα (philosophischer) Lehrsatz
  - ἡ θεωρία Anschauung, wissenschaftliche Betrachtung

10. Ὦ ποιητά, δίδασκε τοὺς νεανίας	τιμᾶν θεραπεύειν	δίκην (τε) καὶ θεούς.

- „ehren": • τιμάω Respekt und Ehrungen erweisen
  - θεραπεύω Dienst und Gehorsam leisten
- Inhalt: Dies ist es, was Platon (in *Politeia* und *Nomoi*) zur Aufgabe der Dichtung erklärt.

11. Ἐν τῇ	Ἀθηνῶν τῶν Ἀθηναίων	ἀγορᾷ πολλοὶ Ἑρμαῖ ἦσαν.

- Zu Ortsangaben s.o. Satz 4.
- Ἀθηνῶν: Bei Städtenamen steht in der Regel kein Artikel.
- „Athen": Wenn im Deutschen der Name einer Stadt (d.h. eines Stadtstaates) gebraucht wird, bevorzugt das Griechische den Namen der Bewohner (das Ethnikon). Der Städtename hat meistens topographischen Sinn.

III O-Deklination

Bornemann-Risch § 35-40; Zinsmeister-Färber § 33-35. 63-67

C Lösungen

1. Ἐν τῇ νήσῳ πολλὰ δένδρα ἐφύετο, καὶ ζῷα ἄγρια
Ἐπὶ τῆς νήσου θηρία
περιεπάτει.

- „auf": • ἐπί (+ Gen. oder Dat.) oben auf, auf der Fläche
  • ἐν (+ Dat.) innerhalb, in den Grenzen (Bereich)
- Einem Subjekt im Neutrum Plural folgt das Prädikat im Singular [BR 257.2; LF 6 Anm. 3].
- „Tier":• τὸ ζῷον Lebewesen einschl. Mensch; wenn dieser ausgeschlossen werden soll, sagt man ἄλογον (oder ἄγριον) ζῷον.
  • τὸ θηρίον Tier (nur von Landtieren), häufig abwertend und betont untermenschlich (θηριώδης „tierisch")
  • ὁ θήρ, θηρός wildes (gefährliches) Tier, in Prosa selten
  • τὸ θρέμμα Haustier (von τρέφω „nähren, aufziehen")
- περιεπάτει: In Komposita behalten περί und πρό vor dem syllabischen Augment in der Regel ihren Endvokal [BR 85.2; ZF 120.1]; bei πρό ist Krasis möglich προὔλεγον > προέλεγον [BR 26.4; ZF Regel 9].

2. Ἡ ἀγρία ἐλάα καρποὺς μὲν φέρει, ἄχρηστοι δ' εἰσίν. ἡ δ' ἥμερος (ἐλάα) χρήσιμός ἐστιν, οἱ γὰρ καρποὶ (αὐτῆς) ἐδώδιμοί εἰσιν.
χρησίμη ἐστίν,

- ἐλάα heißt sowohl der Baum als auch die Frucht. Diese Wortform ist die klassisch attische, sonst lautet sie ἐλαία.
- Das Adjektiv χρήσιμος kann zwei- oder dreiendig gebraucht werden.
- Erinnerung: Ein Besitz- oder Zuordnungsverhältnis kann einfach durch den bestimmten Artikel ausgedrückt werden; s.o. II Satz 5.

3. Ἄγγελλε, ὦ φίλε, τοῖς ἑταίροις τὴν Κύρου ἀγγελίαν.
τὸν Κύρου λόγον.

- „Botschaft": Für Ausdrücke wie „Botschaft, Rede, Erzählung, Bericht, Geschichte" kann das unspezifische λόγος verwendet werden.

4.

Οἱ	τῶν Ἑλλήνων	ἀνδριάντες	τὰ πολλὰ	λίθινοι ἢ χαλκοῖ ἦσαν.
Τὰ		ἀγάλματα		λίθινα ἢ χαλκᾶ ἦν.

ἔνιοι δ᾽ αὐτῶν χρυσοῖ καὶ ἐλεφάντινοι ἦσαν.
ἔνια δ᾽ αὐτῶν χρυσᾶ καὶ ἐλεφάντινα ἦν.

- „Statue“: • ὁ ἀνδριάς überwiegend für Statuen von Menschen
  • τὸ ἄγαλμα für Götterstatuen (eigentl. Prunkstück, Weihegabe)

5. Τοῖς ἀνθρώποις τέλος τοῦ βίου ὁ τάφος (ἐστίν), καὶ κοινῇ

βαδίζουσιν	τὴν εἰς Ἅιδου (ὁδόν).
ἔρχονται	
πορεύονται	

- Erinnerung: τέλος erhält als Prädikatsnomen keinen Artikel; s.o. II Satz 1.
- „gehen“: • ἔρχομαι allgemein Fortbewegung
  • βαδίζω zu Fuß gehen
  • πορεύομαι reisen, überhaupt: eine längere Strecke zurücklegen
- εἰς Ἅιδου steht verkürzt für εἰς τὴν Ἅιδου οἰκίαν (ebenso: ἐν Ἅιδου „im Hades“).
- (ὁδόν): Dieses Wort wird neben einem Attribut oft ausgelassen (Ellipse).

6.

Οἱ Ἕλληνες τοὺς θεοὺς κατὰ τοὺς νόμους	θεραπεύουσι	καὶ
	τιμῶσι	

θύουσι αὐτοῖς ἐπὶ τοῖς βωμοῖς πρὸ	τῶν ἱερῶν.
	τῶν νεών.

- νόμος bedeutet unterschiedslos „Brauch“ und „Gesetz“.
- „ihre Bräuche“: Zur possessiven Bedeutung des Artikels s.o. Satz 2.
- „opfern“: θύω wird nur für das rituelle Schlacht-, Trank- oder Weihrauchopfer gebraucht.

7.

Εὖνοι πολῖται τὸν νοῦν προσέχουσι	τῷ κοινῷ ἀγαθῷ.
	τοῖς κοινοῖς.

- τὸν νοῦν προσέχειν ist idiomatisch; νοῦς bleibt auch bei pluralischem Subjekt im Singular; vgl. u. IV 2 Satz 4.
- „Gemeinwohl“: τὸ κοινὸν ἀγαθόν oder τὰ κοινά (Gemeinwesen); Adjektive im Neutrum werden oft (mit Artikel) substantiviert und entsprechen deutschen Abstrakta.

8.

Oἱ	'Αθηναῖοι πάλαι 'Αθηναῖοί ποτε	πολλοὺς συμμάχους εἶχον
Τοῖς 'Αθηναίοις	πάλαι ποτὲ	πολλοὶ σύμμαχοι ἦσαν

ἐν τῇ ἠπείρῳ καὶ (ἐν) ταῖς νήσοις.

- „Einst“: • πάλαι vor langer Zeit
  • ποτέ zu einer unbestimmten Zeit, irgendwann
  • πάλαι ποτέ früher einmal
- Enklitika (ποτέ) werden möglichst nicht an den Satzanfang gestellt.
- „haben“ kann mit ἔχω oder mit ἐστίν μοι übersetzt werden; zum Bedeutungsunterschied s.u. IV 3 Satz 1.

IV Dritte Deklination

IV 1 Konsonantische Stämme 1

Bornemann-Risch § 41-44, Zinsmeister-Färber § 41-47. 50. 68-70

C Lösungen

1. Ἐν τῷ ἔαρι ὁ θερμὸς ἀὴρ πρὸς νόσους πολλὰς χρηστὸν / ἀγαθὸν φάρμακόν ἐστιν.

➢ „gut“:
- χρηστός brauchbar, nützlich, tüchtig, anständig
- ἀγαθός im älteren Gr.: tapfer (Homer); klass. allgemeinster Ausdruck einer hohen Bewertung: von hoher Qualität
- καλός schön, ehrenvoll, edel, sittlich gut (v.a. im Neutrum)
- χρήσιμος nützlich

2. Ἐπίνομεν / Ἐπίομεν τὸν οἶνον / τοῦ οἴνου ἐκ χρυσῶν κρατήρων.

➢ Aspekt: Das Imperfekt bezeichnet die Dauer der Handlung oder eine Gewohnheit, der Aorist den abgeschlossenen Vorgang.

➢ „Trinken“ (und andere Verben des Genießens) haben den *Genetivus partitivus* als Ausdruck einer Teilmenge [BR 177.2a; LF 51]. Bei völligem Verzehr steht der Akkusativ.

➢ κρατήρων: Natürlich trinkt man nicht direkt aus ihnen, sondern schöpft den Wein in einen Becher (ὁ κύαθος) oder eine Schale (ἡ φιάλη).

3. Οἱ μὲν ἵπποι ἁπλοῦς ὄνυχας ἔχουσιν, οἱ δὲ βόες διπλοῦς.
Τοῖς μὲν ἵπποις ἁπλοῖ ὄνυχές εἰσιν, τοῖς δὲ βουσὶ διπλοῖ.

➢ Erinnerung: Parallele Sätze oder Satzteile, die eine Gegenüberstellung enthalten, werden durch μέν ... δέ verbunden; s.o. I Satz 4.

4. Ἐν τῷ στόματι οἵ τε ὀδόντες καὶ ἡ γλῶττά εἰσιν. τοῖς δ᾽ ὀδοῦσι τὰ σιτία / σῖτα συντρίβεται.

➢ „Speise“:
- ὁ σῖτος (Pl. τὰ σῖτα!) allg. Nahrungsmittel, bes. Getreideprodukte
- τὸ σιτίον (fast immer im Pl.) Speise, Mahlzeit (zubereitet, in Portionen)
- τὸ ὄψον Beikost (v.a. Fleisch und Fisch)

5.

Τοῖς Ἄραψι	καλοὶ εὐγενεῖς	ἵπποι εἰσίν,	καὶ ὁ Ἄραψ τὸν (ἑαυτοῦ)
Οἱ Ἄραβες	καλοὺς εὐγενεῖς	ἵππους ἔχουσι,	

ἵππον	μᾶλλον πλέον	φιλεῖ ἀγαπᾷ στέργει	ἢ τὴν γυναῖκα. τῆς γυναικός.

- „edel“: • καλός von Aussehen und Fähigkeiten
  • εὐγενής von Abstammung
  • γενναῖος von Abstammung, Leistung, Selbstbewußtsein
- „lieben“: • φιλέω persönliche Verbundenheit, natürlich (Familie) oder frei gewählt
  • ἀγαπάω hochschätzen
  • στέργω enge natürliche Verbundenheit, etwa mit Familie oder Volk
  • ἐράω sexuelles Begehren, auch leidenschaftliches Streben allgemein
  • ἀσπάζομαι willkommen heißen, begrüßen
- Erinnerung: als Hinweis auf das Besitzverhältnis („sein Pferd“, „seine Frau“) genügt der Artikel; s.o. II Satz 5. Ein Possessivpronomen muß hier reflexiv sein [BR 67.4b].
- „mehr als“: Nach Komparativ steht entweder ἤ mit dem entsprechenden Kasus oder der *Genetivus comparationis* [BR 183; LF 62].

6. Γοργίας ὁ σοφιστὴς κατὰ μεταφορὰν τοὺς γῦπας ἐμψύχους

τάφους	ὠνόμασεν, ἐκάλεσεν, εἶπεν,	ὅτι τὰ σώματα τῶν ἐν μάχῃ τεθνηκότων

ὑπὸ γυπῶν (κατ)εσθίεται.

- „Der Sophist“: Eine substantivische Apposition tritt im selben Kasus, (meist) mit Artikel, hinter das zu bestimmende Substantiv [BR 259.4; LF 18].
- „nennen“: • ὀνομάζω einen Namen geben
  • καλέω beim Namen rufen (nicht scharf unterschieden von ὀνομάζω)
  • λέγω bezeichnen als
- Im Passiv wird der Urheber (Mensch oder Tier) meist durch ὑπό mit Genetiv ausgedrückt; verursachende Dinge stehen im instrumentalen Dativ (vgl. o. Satz 4), bei Mittel und Werkzeug (lat. *per*) steht διά + Gen.

7. Οὐκέτι ἐλπίδα ἔχομεν ταύτην τὴν ἔριν | ταχέως / τάχα / ἐν βραχεῖ | | παυθήσεσθαι. / καταλυθήσεσθαι. |

- „kein“ als Attribut ist nicht mit οὐδείς (οὐδεμία, οὐδέν) zu übersetzen, sondern mit einfacher Negation; οὐδείς wäre emphatisch „kein einziger“, „keine Spur von“; s.u. XIII 3 Satz 8.
- Nach den Demonstrativpronomina οὗτος, ὅδε, ἐκεῖνος steht das Substantiv mit Artikel [BR 148.3b; LF 20a].
- Nach Ausdrücken des Hoffens, Drohens, Versprechens, Schwörens steht meist Infinitiv Futur.

8. Αἱ τῶν Ἀθηναίων ὁπλιτῶν | τάξεις / φάλαγγες | τοῖς Πέρσαις | φοβεραὶ / δειναὶ | ἦσαν.

- „Schlachtreihen“:
  - ἡ τάξις Ordnung; bes. Aufstellung eines Heeres
  - ἡ φάλαγξ Walze; übertr. auf eine besondere Aufstellung in geschlossener Linie
- ὁ ὁπλίτης Schwerbewaffneter, Gepanzerter (von τὰ ὅπλα „die Waffen“)
- „für die Perser“ wird mit *Dativus incommodi* [BR 188; LF 80.3] ohne Präposition übersetzt.

IV 2 Konsonantische Stämme 2
Bornemann-Risch § 45-48; Zinsmeister-Färber § 48-54. 71-74. 76-78

C Lösungen

1. Οἱ Σκύθαι νομῆς εἰσιν· εἰσὶ δ' οἱ μὲν (αὐτῶν) ποιμένες, οἱ δὲ

βουκόλοι. ζῶσι	δ' ὥσ(περ) νομάδες δὲ νομάσιν ὁμοίως δὲ νομάδων τρόπον	ἐφ' ἁμάξαις	κομίζοντες ἄγοντες

πᾶσαν τὴν οὐσίαν.

➢ „wie": • ὥσ(περ) gleich wie
• ὁμοίως (+ Dat.) in ähnlicher Weise wie
• τρόπον (+ vorangest. Gen.) nach Art von

➢ „Wagen": • ἡ ἅμαξα Reise- und Transportwagen
• τὸ ἅρμα Kriegs- und Rennwagen

2. Ἡ μέλαινα γῆ καὶ τοὺς νεκροὺς δέχεται καὶ τὰ σπέρματα. ἐκ δὲ τῆς μελαίνης γῆς πάλιν φύεται ὁ σῖτος· οἱ δὲ νεκροὶ μένουσιν ἐν αὐτῇ. ὅμως δὲ τοῖς Ἕλλησιν ὁ τῶν ἀποθανόντων θεὸς ὁ αὐτὸς ἦν τῷ τοῦ σίτου θεῷ, ὃν Πλούτωνα ἐκάλουν.

➢ „der Tote": • ὁ νεκρός v.a. der tote Körper, die Leiche
• ὁ ἀποθανών (Part. Aor. von ἀποθνῄσκω) der Verstorbene
• ὁ τεθνηκώς (Part. Perf. von ἀποθνῄσκω) der Tote

➢ In einem zusammenhängenden Text sind die Hauptsätze immer verbunden; entweder durch relativische Anknüpfung, zurückweisendes Demonstrativpronomen (οὗτος) oder durch Verbindungspartikeln (καί, δέ, γάρ, οὖν usw.). Wenn diese im Deutschen fehlen, müssen sie beim Übersetzen je nach der Logik des Zusammenhanges hinzuerfunden werden.

3. Τὰ ὑλήεντα μέρη τῶν ὀρῶν [ἄβατά / ἄπορά] ἐστιν.

➢ „unpassierbar": • ἄβατος unbetretbar (βαίνω)
• ἄπορος undurchquerbar (περάω [poet.] durchqueren), unwegsam

➢ Erinnerung: Das Subjekt im Neutrum Plural erfordert ein Prädikat im Singular; s.o. III Satz 1.

4. [Τῶν ἀνθρώπων / (Οἱ) ἄνθρωποι] οἱ μὲν [εὐδαίμονες, / εὐτυχεῖς,] οἱ δὲ [ἄθλιοί / δυστυχεῖς] εἰσιν.
τοῖς μὲν οὖν [ἀθλίοις / δυστυχέσιν] οὐδὲν ἥδιον δοκεῖ [τοῦ ἀπόλλυσθαι / ἢ τὸ ἀπόλλυσθαι]
καὶ μηκέτι εἶναι· τῶν δ' [εὐδαιμόνων / εὐτυχῶν] ἔνιοι ἐλπίδας ἔχουσι κενὰς
βιώσεσθαι ἀεί.

➢ „teils … teils“:
- Wenn ein Gesamtbegriff zerlegt wird: οἱ μέν … οἱ δέ; der Gesamtbegriff steht entweder im Genetiv (*partitivus*) oder im gleichen Kasus (mit distributiver Apposition).
- Wenn ein Begriff verschiedene Aspekte hat: τὸ μέν … τὸ δέ oder τὰ μέν … τὰ δέ (adverbiell), Beispiel: VI Satz 4.

➢ „glücklich“:
- εὐδαίμων von einem gesegneten, erfüllten Leben; Gegensatz: ἄθλιος
- εὐτυχής unter dem Aspekt des unberechenbaren glücklichen Zufalls; Gegensatz: δυστυχής
- μακάριος ähnlich wie εὐδαίμων, aber auch mit Blick auf das Jenseits (jedoch stereotyp: μακάρων νῆσοι „Inseln der Seligen“), von Mitmenschen: selig gepriesen (vgl. μακαρίζω). Äquivalent in poetischer Sprache: ὄλβιος

➢ τοῦ ἀπόλλυσθαι: Infinitive können durch Hinzufügen des Artikels τό substantiviert und dekliniert werden [BR 147.3; LF 143.3]. Hier steht der *Genetivus comparationis* [BR 183; LF 62] nach vorausgehendem Komparativ ἥδιον.

➢ μηκέτι εἶναι: Der Infinitiv wird mit μή verneint, außer wenn er die Funktion einer reinen Aussage hat (nach *Verba dicendi et sentiendi* im AcI oder NcI) [BR 250.4γ; LF 137 IIe].

➢ ἐλπίδας ἔχουσι: Abstrakte Substantive stehen im Plural, wenn sie mehrere Einzelfälle umfassen oder sich auf mehrere Subjekte beziehen, außer in festen Wendungen wie τὸν νοῦν προσέχω (aufmerksam sein), δίκην δίδωμι (bestraft werden), (τὴν) γνώμην ἔχω (der Meinung sein) und (τὴν) αἰτίαν ἔχω (beschuldigt werden).

5. Πολλάκις τοῖς συγγενέσι συγγιγνόμεθα.

➢ Komposita mit σύν-, ἐν-, ἐπί- erfordern den Dativ [BR 194; LF 76 und 78].

6. Ἀργύριόν μοι δός, ὦ μῆτερ. παρὰ γὰρ τοῦ πατρὸς οὐδέποτε οὐδὲν λαμβάνω· ἀλλ' [ὅτε / ὅταν] εἰς [τὸ διδασκαλεῖον / διδασκάλου] βαδίζω, δεῖ μ' ὠνεῖσθαι [τὸ ἄριστον· / τἄριστον·] εἰ δὲ μή, οἱ ἡλικιῶται πένητά με [νομιοῦσιν. / ἡγήσονται.] ἦ μὴν χαλεπὸς ὁ παίδων βίος. ἀεὶ γὰρ ἀνάγκη αὐτοῖς ἐνοχλεῖν τοῖς τε πατράσι καὶ ταῖς μητράσιν, [ὅταν τινὸς / ἐπειδάν τινος] δέωνται. [εὐδαίμων / μακάριος] γοῦν ἔσομαι, [ὅτε ἀνὴρ ἔσομαι· / ὅταν ἀνὴρ ὦ·] ἀνδρὶ γὰρ χρήματά ἐστι καὶ γυνὴ καὶ οἰκία καὶ γαστὴρ ἀεὶ [πλήρης. / μεστή.]

- „zur Schule“: • εἰς τὸ διδασκαλεῖον in das Schulgebäude
  • εἰς διδασκάλου elliptisch für εἰς τὴν διδασκάλου οἰκίαν (vgl. o. III Satz 5 εἰς Ἅιδου)
- Die unpersönlichen Audrücke für „müssen“ δεῖ, χρή, ἀνάγκη (ἐστίν) werden mit Infinitiv bzw. AcI konstruiert [BR 234; LF 148.4b]. Bei ἀνάγκη (ἐστίν) wird häufig zur Betonung die handelnde Person/Sache in den Dativ gesetzt.
- „Frühstück“: τὸ ἄριστον (langes α); in klassischer Zeit eher ein Mittagsimbiß.
- γοῦν (= γε + οὖν) hebt das vorausgehende Wort als Sonderfall heraus: „jedenfalls“
- ὅτε mit Indikativ drückt eine reine Zeitangabe aus; ὅταν mit Konjunktiv hat iterative oder prospektive Bedeutung [BR 286b; LF 164γ].

IV 3 Vokalische und Diphthongstämme
Bornemann-Risch § 49-55; Zinsmeister-Färber § 55-62. 75

C Lösungen

1. Ἐν πολλαῖς [πόλεσιν / τῶν πόλεων] οὐχ οἱ ἄρχοντες τὴν ἀληθῆ δύναμιν ἔχουσιν, ἀλλ᾽ οἱ πλούσιοι.

- „Staat“: • ἡ πόλις der Stadtstaat
  • τὸ κοινόν allgemein für Stadt-, Stammes-, Flächen-, Bundesstaat
  • ἡ πολιτεία das Leben in einem Staat, Staatsorganisation, Staatsform
  • ἡ ἀρχή die Herrschaft, das Herrschaftsgebiet, das Reich
- Zur Bezeichnung des geteilten Ganzen steht häufig der *Genetivus partitivus* [BR 177; LF 48α].
- „haben“ in der starken Bedeutung von „innehaben, festhalten“ wird durch ἔχω (verstärkt κατέχω), nicht durch ἐστίν μοι (s.o. III Satz 8) wiedergegeben.

2. Πολλοῖς [(ἀνθρώποις) / (τῶν ἀνθρώπων)] [τὸ κτᾶσθαι / ἡ κτῆσις] [μεγάλην / πολλὴν] ἡδονὴν παρέχει, εἰ καὶ τὰ κτήματα [ὀλίγου / μικροῦ / οὐ πολλοῦ] ἄξιά (ἐστιν).

- In Verbindung mit Adjektiven wie „viele, alle, wenige, kein, andere“ wird ἄνθρωπος häufig weggelassen.
- Erinnerung: Jeder Infinitiv kann mit Hilfe des Artikels τό substantiviert und dekliniert werden; s.o. IV 2 Satz 4.
- ἡ κτῆσις - τὸ κτῆμα: Die Substantive auf -σις,-σεως bezeichnen eigentlich einen Vorgang (*nomina actionis*), die auf -μα,-ματος das Ergebnis (*nomina rei actae*). Beispiele: ῥῆσις - ῥῆμα, νόησις - νόημα, ποίησις - ποίημα, πρᾶξις - πρᾶγμα (s.u. XIII 2 Satz 4). Der Unterschied ist aber im tatsächlichen Sprachgebrauch oft verwischt.
- ὀλίγου ἄξια: Die Adjektive ἄξιος und ἀνάξιος (würdig, unwürdig), αἴτιος und ἀναίτιος (schuldig, unschuldig) regieren den Genetiv.

3. Οἱ Στωϊκοὶ ἐνόμιζον τὸν κατὰ φύσιν βίον

ἀμείνονα	ἀμείνω
βελτίονα	βελτίω
κρείττονα	κρείττω

(εἶναι)

τοῦ ἡδέος (βίου).
ἢ τὸν ἡδὺν (βίον).

- „glauben, daß“: Nach den Verben des Glaubens und Meinens steht der AcI [BR 233.2; LF 148.3a], bei δοκεῖ aber meist der NcI: τοῖς Στωϊκοῖς ἐδόκει ὁ κατὰ φύσιν βίος ἀμείνων / βελτίων / κρείττων (εἶναι) ἢ ὁ ἡδὺς (βίος).
- „das naturgemäße Leben“: Anstelle des Substantivs ὁ βίος könnte auch der substantivierte Infinitiv τὸ ζῆν stehen; die Adjektive werden dann zu Adverbien (τοῦ ἡδέως ζῆν).
- Erinnerung: Der *Genetivus comparationis* ist gleichwertig mit ἤ und dem jeweiligen Kasus; s.o. IV 1 Satz 5.
- Die Komparative auf -ίων, -ιον werden häufiger in der kontrahierten Form gebraucht [BR 45.5; ZF 76].
- Bedeutungsnuancen der Steigerungsformen von ἀγαθός [BR 61.1 Anm.; ZF 85]:
  - ἀμείνων, ἄριστος tüchtig; mit ἀρετή „(menschliche) Hochwertigkeit“ verbunden
  - βελτίων, βέλτιστος sittlich wertvoll
  - κρείττων, κράτιστος stark, überlegen

4.

Οἱ	τὰ πολιτικὰ πράττοντες πολιτευόμενοι	πειθοῖ, μὴ βίᾳ	διαπραττέσθων,
Τοὺς	τὰ πολιτικὰ πράττοντας πολιτευομένους		διαπράττεσθαι δεῖ,

ἃ βούλονται.
ἃ ἂν βούλωνται.

- „Politiker“:
  - ὁ πολιτευόμενος der von seiner Eigenschaft als πολίτης (Bürger) Gebrauch macht, politisch aktiv ist
  - ὁ τὰ πολιτικὰ/τὰ κοινὰ πράττων der praktisch die Angelegenheiten der πόλις mitgestaltet
  - ὁ πολιτικὸς (ἀνήρ) Sachverständiger in Politik (seit Platon und Aristoteles)
- Ein starkes „sollen“ wird wie „müssen“ (s.o. IV 2 Satz 6) durch eine unpersönliche Konstruktion ausgedrückt, als Anweisung auch durch den Imperativ der 3. Person.
- Im kondizionalen Relativsatz ἃ ἂν βούλωνται ist der Konjunktiv mit ἄν entweder iterativ oder prospektiv [BR 290.4b].

5. Πάλαι μὲν ἤκουον ἱερέων καὶ σοφῶν καὶ γονέων, νῦν δὲ

τῆς τῶν τὰς ἐφημερίδας συγγραφόντων δόξης.
τῶν λεγομένων ὑπὸ τῶν τὰς ἐφημερίδας συγγραφόντων.

- ➢ „man" [BR 159.1]: • 3. Pers. Pl.: die Leute im allgemeinen (unbestimmte Mehrheit)
  - • 1. Pers. Pl.: wir alle (Sprecher eingeschlossen)
  - • 2. Pers. Sg.: nur im Potentialis; λέγοις ἄν „man könnte sagen"
  - • persönl. Passivkonstruktion; ἐπαινοῦμαι „man lobt mich"
  - • τις irgendein Beliebiger
- ➢ Erinnerung: Der Urheber im Passiv wird mit ὑπό mit Genitiv übersetzt (s.o. IV 1 Satz 6); er schließt sich möglichst nah an die entsprechende Verbform an.

6. Νῆες

ἀσφάλειαν παρεῖχον τῇ τῶν Ἀθηναίων δυνάμει·
(δι)εφύλαττον τὴν τῶν Ἀθηναίων δύναμιν·

ναυσὶν ἐνεπορεύοντό τε καὶ ἐπολέμουν·

ὁ δὲ ναῦν	ἔχων κεκτημένος	πλουτίζεσθαι πλούσιος γενέσθαι	ἐδύνατο.
ὅστις δὲ ναῦν	εἶχεν ἐκέκτητο		
τῷ δε ναῦν	ἔχοντι κεκτημένῳ	παρῆν ἐξῆν ἦν	πλουσίῳ / πλούσιον γενέσθαι. πλουτίζεσθαι.

- ➢ Erinnerung: Name der Bürger steht anstelle des Städtenamens; s.o. II Satz 11.
- ➢ Der zweite Satz (ναυσὶν ἐνεπορεύοντο ...) steht ausnahmsweise ohne Verbindungspartikel (asyndetisch). Das ist ein stilistischer Effekt, der (wie auch die Anapher) die Gleichordnung der Sätze unterstreicht. Der dritte Satz hebt sich dann stärker ab.
- ➢ Bei der Infinitivkonstruktion richtet sich das Prädikatsnomen (πλούσιος) nach dem Subjekt; steht das Subjektswort im Genetiv oder Dativ, so kann das Prädikatsnomen auch in den Akkusativ treten: πλούσιον/πλουσίῳ γενέσθαι [BR 235.2; LF 144].

7. Διῒ εὐχόμεθα. Δία βασιλέα τῶν θεῶν (εἶναι)

νομίζομεν.
ἡγούμεθα.

Ζεὺς ἡμῖν

ἵλεως	εἴη.
εὔνους	ἔστω.

- ➢ „halten für": • νομίζω (urspr.: einen Brauch, νόμος, haben) eine feste Meinung haben, die die persönliche Einstellung bestimmt
  - • ἡγοῦμαι eher unverbindlich

8. Οἱ | ἐν τῇ Ἑλλάδι / κατὰ τὴν Ἑλλάδα | γεωργοὶ ὡς ἐπὶ τὸ πολὺ βουσὶν ἤρουν τοὺς ἀγρούς.

- „in“: • ἐν (+ Dat.) innerhalb der Grenzen
  • κατά (+ Akk.) über … hin, flächenhafte Erstreckung.
- ἀροῦν ist *Verbum contractum* auf -όω [BR 93.3; ZF 130b]. Das Imperfekt drückt eine regelmäßige Handlung in der Vergangenheit aus [BR 214; LF 116].
- „mit Rindern“ steht im instrumentalen Dativ, s.o. IV 1 Satz 6.

V Komparation (Adjektiv und Adverb)

Bornemann-Risch 59-62; Zinsmeister-Färber § 81-87

C Lösungen

1\. [Ὁ | τῶν βαρβάρων / βάρβαρος | στρατὸς // Ἡ | τῶν βαρβάρων / βάρβαρος | στρατιὰ] [πολλῷ / πολὺ] [ἰσχυρότερος / πλείων // ἰσχυροτέρα / πλείων] ἦν
[τοῦ Ἑλληνικοῦ. / ἢ ὁ Ἑλληνικός. // τῆς Ἑλλνηικῆς. / ἢ ἡ Ἑλληνική.] ἀλλ᾽ ὅμως οἱ Ἕλληνες [μεγάλην / πολλὴν] ἐλπίδα εἶχον
[νικήσειν· / κρατήσειν·] [ἐνόμιζον / ἐπίστευον] γὰρ ἀνδρειότεροι εἶναι, [ἐπεὶ / ὅτι] [ὑπὲρ / (πρὸ)]
τῆς πατρίδος [ἐμάχοντο. / ἠγωνίζοντο.]

- ὁ βάρβαρος: „Nichtgrieche", besonders auf die Perser angewendet. Der Nebengedanke „kulturell unterlegen" hat sich erst nach den Perserkriegen entwickelt. Das zugehörige Adjektiv ist βάρβαρος, -ον „zu den Barbaren gehörig".
- „stark" bzw. „groß" (bezogen auf Mengen) kann durch πολύς ausgedrückt werden.
- Erinnerung: Nach Ausdrücken des Hoffens steht meist der Infinitiv Futur; s.o. IV 1 Satz 7.
- Erinnerung: Beim Infinitiv richtet sich das Prädikatsnomen (ἀνδρειότεροι) nach dem Subjektswort; s.o. IV 3 Satz 6.
- „für" im Sinne von „im Interesse, zum Schutz von" wird im Attischen öfter durch ὑπέρ als durch πρό (lat. *pro*) ausgedrückt.
- „kämpfen": • μάχομαι im Krieg; übertr. gegen etwas ankämpfen
  • ἀγωνίζομαι im Wettkampf, Krieg und vor Gericht
  • συμμαχέω (+ Dat.) an jemandes Seite, als Bundesgenosse
  • ἁμιλλάομαι im Wettlauf; übertr. im Wettbewerb

2\. Ῥᾷόν ἐστι κακῶς ἢ εὖ ποιεῖν ἄλλους (ἀνθρώπους).

- Verben des Wohl- und Übeltuns erfordern in der Regel den Akkusativ [BR 164.1; LF 31α].
- „Menschen": zur Weglassung s.o. IV 3 Satz 2.

3.

Οὗτοι οἱ καρποί,	οἳ ὑπὸ τῶν ὀρνίθων ἐσθίονται, οὓς οἱ ὄρνιθες ἐσθίουσι,		
Οἱ ὑπὸ τῶν ὀρνίθων ἐσθιόμενοι καρποὶ			ὡς ἐπὶ τὸ πολὺ τὰ πολλὰ

ἄριστοι καὶ ἥδιστοι καὶ γλυκύτατοί εἰσιν.

- Erinnerung: Nach den Demonstrativpronomina οὗτος, ὅδε, ἐκεῖνος steht das Substantiv mit Artikel; s.o. IV 1 Satz 7.
- Erinnerung: Das Prädikatsnomen („die besten“) hat keinen Artikel; s.o. II Satz 1.
- „die besten, wohlschmeckendsten und süßesten“: In einer additiven Reihung von Wörtern steht gewöhnlich καί vor jedem neuen Glied.
- „süß“: • γλυκύς süß (wie Honig)
  • ἡδύς wohlschmeckend; allg. angenehm, Lust (ἡδονή) bereitend

4. Ἴσως ὁ πολιτῶν βίος χαλεπώτερος

ἢ ὁ δούλων (βίος). τοῦ δούλων βίου.

τοῖς γὰρ πολίταις ἀνάγκη (ἐστὶν) τοὺς γὰρ πολίτας δεῖ	εἰς τὸ δημόσιον τελεῖν καὶ

στρατεύεσθαι καὶ δικάζεσθαι, καὶ	συνελόντι εἰπεῖν ὅλως ——	πράγματα

πράττειν ἀηδέστατα. τούτου τοῦ ἄχθους παντὸς ὁ δοῦλος ἐλεύθερός ἐστιν.

- „kurzum“: • συνελόντι εἰπεῖν kurz gesagt (resümierend)
  • ὅλως ganz allgemein
  • weiterführendes καί
- πράγματα πράττειν ἀηδέστατα: zur *Figura etymologica* s.o. II Satz 5. – Das Attribut ἀηδέστατα kann vom Substantiv getrennt werden (Sperrung), es bekommt damit mehr Gewicht.

5. Σοφὸς ἀνὴρ τοῖς πολίταις οὐ τὰ ἥδιστα, ἀλλὰ τὰ βέλτιστα συμβουλεύσει.

- Wenn ein substantiviertes Adjektiv im Neutrum als Summe von einzelnen Dingen oder Handlungen (das Angenehme = angenehme Dinge) aufgefaßt wird, erscheint es im Plural. Vgl. auch IV 2 Satz 4: ἐλπίδας ἔχουσι.

6. Ὑμεῖς, οἱ ἐνθάδε	τέθαφθε,	μακαριώτεροί	ἐστε	ἢ ἡμεῖς,
	κεῖσθε,	εὐδαιμονέστεροί		ἡμῶν,

οἷς μακρὸς βίος βιωτέος ἐστίν.
οἷς μακρὸν βίον ζῆν ἔστιν.
οἳ μακρὸν βίον ζῆν ἔχομεν.

- κεῖσθαι eigentl. „liegen“ kann synonym für τεθάφθαι „begraben sein“ verwendet werden (häufig in Grabinschriften), vgl. u. XI 3 Satz 1.
- Das Verbaladjektiv auf -τέος (3) drückt eine passivische Notwendigkeit aus [BR 249.2; LF 159.2]. Das Subjekt tritt in den Dativ.
- ἔχειν mit Infinitiv hat die Bedeutung „können“ oder „müssen“.

7. Ὡς τάχιστα	ἐπορευόμην	ἐκ Ῥώμης εἰς Ἄγκυραν τῆς Γαλατίας.
	ἐπορεύθην	

μακρότερον μὲν οὖν (ἐστι) τὸ κατὰ θάλατταν ἀπὸ Ῥώμης πρὸς Πέργαμον διάστημα – ἐκεῖ γὰρ ἐξέβην τῆς νεὼς – ἢ τὸ κατὰ γῆν ἀπὸ Περγάμου πρὸς Ἄγκυραν· ὅμως δὲ

ἐλάττονος	χρόνου
βραχυτέρου	

ὁ πλοῦς ἐδεῖτο	ἢ ἡ	κατὰ τὰς ὁδοὺς	πορεία.
	τῆς		πορείας.

- Erinnerung: Das Imperfekt ἐπορευόμην beschreibt den Vorgang (durativ), der Aorist ἐπορεύθην konstatiert ihn (komplexiv); s.o. II Satz 2.
- „von“: • ἐκ (+ Gen.) von … heraus (daher passend bei Städtenamen)
  • ἀπό (+ Gen.) Ausgangspunkt (daher passend bei Distanzangabe)
- „nach“: • εἰς (+ Akk.) in … hinein
  • πρός (+ Akk.) in Richtung auf, bis an … heran
- εἰς Ἄγκυραν τῆς Γαλατίας: Wenn zu einem Stadt- oder Flußnamen das Land hinzugefügt wird, steht es im Genetiv (nicht ἐν mit Dativ!) [LF 57].
- τῆς Γαλατίας: Ländernamen haben den Artikel bei sich, weil sie adjektivische Attribute des (fehlenden) Substantivs ἡ γῆ sind [BR 148.1].

8. Ὅσῳ μακρότεραι αἱ ἡμέραι, τοσούτῳ βραχύτεραι αἱ νύκτες (εἰσίν). ἡ δὲ μακροτάτη ἡμέρα ἀρχὴ τῆς θερμοτάτης ὥρας (ἐστίν).

VI Artikel

Bornemann-Risch § 146-149; Lindemann-Färber § 14-22

C Lösungen

1. Κλέαρχος [ἠρώτησε / ἤρετο] τὸν ἄγγελον, τί [βούλοιτο. / βούλεται.] ὁ δ᾽ ἀπεκρίνατο [ὅτι / —] σπονδῶν ἕνεκα [ἥκει | ἥκοι. / ἥκειν.]

- „was er wünsche“: Die abhängige Frage kann den Modus der direkten Frage haben, oder es tritt der oblique Optativ ein [BR 272.1; LF 133.3α].
- ὁ δέ steht sehr oft bei einem Subjektswechsel.
- Nach einem *Verbum dicendi* steht Infinitiv bzw AcI [BR 233.2; LF 148.3a] oder ein mit ὅτι eingeleiteter Behauptungssatz im Indikativ [BR 269; LF 162α]; nach Vergangenheitstempus kann auch ein obliquer Optativ stehen.

2. (Ὁ μέγας) βασιλεὺς ἡμᾶς τοὺς Ἕλληνας, ὧν τὴν [δύναμιν / ἰσχὺν] οὔπω [οἶδε, / ἔγνωκε,] [καταστρέφεσθαι / καταστρέψασθαι] βούλεται.

- Der persische Großkönig heißt gewöhnlich βασιλεύς [BR 149.2; LF 21b] ohne Artikel, außer in besonderen Wendungen wie ὁ μέγας βασιλεύς.
- ἡμᾶς τοὺς Ἕλληνας: Dem Personalpronomen folgt eine Apposition mit Artikel [BR 148.2d; LF 20e].
- ὧν τὴν δύναμιν: Nach einem Relativpronomen im possessiven Genetiv hat das übergeordnete Wort immer den Artikel [BR 148.3e; LF 20c].
- Nach den Verben des Wünschens und Wollens steht Infinitiv Präsens (Betonung des Verlaufs) oder Aorist (Betonung des Ergebnisses); nur nach μέλλω („im Begriff sein, vorhaben“) steht häufig der Infinitiv Futur [BR 216 Anm.1; LF 146.3 Anm.].

3.

'Οδυσσεὺς	ὑπ' ἀνέμου	πάλιν	ἠνέχθη	πρὸς τὴν Αἰόλου νῆσον·		
	ἀνέμῳ		ἐφέρετο			

ὁ δὲ	ἐθαύμασε καὶ	ἠρώτησε,	(διὰ) τί	ἐπανῆλθεν.
καὶ ὅς	θαυμάσας	ἤρετο,		ἐπανέλθοι.

- ➢ Erinnerung: ὑπό mit Genetiv bezeichnet den Urheber beim Passiv, verursachende Dinge stehen im *Dativus instrumentalis*; s.o. IV 1 Satz 6.
- ➢ Zum Aspekt vgl. II Satz 2.
- ➢ θαυμάσας: Bei zwei im Deutschen gleichgeordneten Prädikaten kann dasjenige, das einen begleitenden (weniger handlungswichtigen) Vorgang enthält, durch ein *Participium coniunctum* ausgedrückt werden [BR 240.3].

4.

Οὐκ ἔστι(ν)		
Οὐκ ἔξεστι(ν)	λέγειν	ὅτι ἡ ῥητορικὴ πᾶσα ἀγαθὴ ἢ κακή ἐστιν·
Οὐ δυνατόν ἐστι(ν)	εἰπεῖν	τὴν ῥητορικὴν πᾶσαν ἀγαθὴν ἢ κακὴν εἶναι·

τὰ	μὲν γὰρ	ὠφελεῖ,	τὰ	δὲ βλάπτει.
τὸ		λυσιτελεῖ,	τὸ	

- ➢ Aspekt: Das Präsens λέγειν (linear) weist auf den Verlauf hin, der Aorist εἰπεῖν zusammenfassend (komplexiv) auf den Vorgang als einheitliche Tatsache.
- ➢ „teils ... teils": τὰ (τὸ) μέν ... τὰ (τὸ) δέ: adverbielle Akkusative [BR 146 und 174; LF 40.1b], wenn ein Begriff in verschiedener Hinsicht betrachtet wird; s.o. IV 2 Satz 4.

5.

Λέγουσι τὴν Ἑλλάδα πατρίδα	
Λέγεται ἡ Ἑλλὰς πατρὶς	εἶναι (τῆς) δημοκρατίας, ἐν ᾗ
Λέγεται τὴν Ἑλλάδα πατρίδα	

τῷ βουλομένῳ τῶν πολιτῶν ἔξεστι παρρησιάζεσθαι.

- ➢ „Man sagt": • λέγουσι (aktiv) + AcI
  • λέγεται (passiv):
  persönlich + NcI
  unpersönlich + AcI [BR 233.2 Anm. 4]
- ➢ Erinnerung: Ländernamen haben den Artikel bei sich; s.o. V Satz 7.
- ➢ Erinnerung: Vor Abstrakta wie δημοκρατία fehlt oft der Artikel; s.o. I Satz 2. Hier würde der Artikel ähnlich wie bei einem Eigennamen wirken: die (bekannte Staatsform) Demokratie.

6. (Οἱ) ἰχθύες οἱ μὲν ἐν (τῇ) θαλάττῃ, οἱ δὲ ἐν ποταμοῖς καὶ λίμναις
Τῶν ἰχθύων

ζῶσιν. ὀλίγα δὲ γένη ἰχθύων ἐν ἀμφοτέροις τοῖς τόποις
βιοῦσιν. μέντοι

ζῆν δύναται, καὶ τὸ πολλάκις μεταβάλλειν τὸν τόπον
βιοῦν οἷά τέ ἐστιν, τὴν χώραν

οὐ βλάπτει αὐτά.

- Erinnerung: Ein Begriff wird in mehrere Teile geteilt durch distributive Apposition oder *Genetivus partitivus*; s.o. IV 2 Satz 4.
- Bei durch Zweizahlpronomina (ἀμφότεροι, ἄμφω, ἑκάτερος) bestimmten Substantiven steht der Artikel [BR 148.3c; LF 20b].
- Erinnerung: Das Subjekt im Neutrum Plural erfordert ein Prädikat im Singular; s.o. III Satz 1.

7. Ἀλέξανδρος ὁ μέγας τὴν Ἀλεξάνδρειαν πόλιν ἔκτισεν. ἡ δ᾽ ἐν βραχεῖ μεγίστη ἐγένετο πασῶν τῶν Ἑλληνικῶν πόλεων, καὶ (ὁ) Ἀλέξανδρος
Ἑλληνίδων

ἐκείνης πολιτῶν
ὑπὸ τῶν πολιτῶν αὐτῆς μέγα ἐτιμᾶτο.
πολιτῶν

- Ἑλληνίδων: Bei Städtenamen hat das Ktetikon für das Femininum oft eine eigene Form auf -ίς, -ίδος; s. Anhang, S. 148.
- Wenn Personennamen in einem Text öfter vorkommen, steht beim ersten Mal gewöhnlich kein Artikel, aber häufig bei den folgenden Erwähnungen: der bereits genannte Alexander.
- Erinnerung: Das possessive Verhältnis („von ihren Bürgern") wird durch ἐκείνης stark betont; αὐτῆς ist unbetont und dient nur dazu, Mißverständnisse zu vermeiden; s.o. II Satz 5.

8. Τὸ ἀγαθόν – οὗτος ὁ λόγος (ὑπὸ πάντων) ὁμολογεῖται – ἀεί ἐστι
Τἀγαθόν

τὸ παραλειπόμενον κακόν.
τὸ κακὸν τὸ παραλειπόμενον.

➢ Die Regel, daß beim Prädikatsnomen kein Artikel steht (s.o. II Satz 1), hat Ausnahmen, z.B. in definitionsartigen Sätzen, wenn das definierende Nomen als eindeutig bestimmt erscheinen soll. Im vorliegenden Beispiel würde ohne τό die Substantivierung von κακόν verschwinden.

➢ Die Sentenz (sie stammt von Wilhelm Busch) könnte in Versform als jambischer Trimeter lauten:

Ἀγαθὸν λέγουσι τὸ παραλειπόμενον κακόν.
◡ ◡ – ◡ – ◡ ◡ ◡ ◡ – ◡ ◡ – ◡ –

Der metrische Bau des jambischen Trimeters [BR 317; LF 213]

1. Ein griechischer Vers besteht in einer geregelten Folge von kurzen und langen Silben.
   a) Eine kurze Silbe (Symbol ◡) hat einen kurzen Vokal, auf den höchstens ein Konsonant folgt.
   b) Eine lange Silbe (Symbol –) hat
      • entweder einen langen Vokal oder einen Diphthong
      • oder einen kurzen Vokal, auf den mehrere Konsonanten folgen. (*Muta cum liquida*, z.B. τρ, gilt oft als ein einziger Konsonant.)
   c) Eine Silbe, die kurz oder lang sein kann, wird als *anceps* bezeichnet (Symbol x).
2. Jambischer Fuß: ◡ –
   Jambisches Metron: zwei Füße, das erste Element kann auch lang sein (*anceps*): x – ◡ –
   Jambischer Trimeter: drei Metren x – ◡ – | x – ◡ – | x – ◡ x (*anceps* am Versende)
   Ein Wortende (Zäsur) findet sich meistens nach dem 5. Element. Die letzte Silbe kann auch kurz sein.
   Auflösungen: Eine Länge kann (mit Einschränkungen) durch zwei Kürzen ersetzt werden. In der Komödie gelten diese Einschränkungen nicht; sogar die reinen Kürzen können durch zwei Kürzen ersetzt werden. (Im Beispiel: Die Auflösung der *syllaba anceps* an der Stelle -πομε- wäre nur in der Komödie erlaubt.)

VII Attributive und prädikative Stellung

Bornemann-Risch § 150-153; Lindemann-Färber § 9-13

C Lösungen

1. Δημοσθένης τῷ περὶ (τῆς) εἰρήνης λόγῳ πάντας ἐξέπληξεν.

- Erinnerung: Ein eindeutiges Besitz- oder Zugehörigkeitsverhältnis („seine Rede“) kann durch den bloßen Artikel ausgedrückt werden; s.o. II Satz 5.
- „über den Frieden“: mit Artikel, wenn es um eine konkrete politische Situation geht, ohne Artikel, wenn der Friede allgemein und abstrakt gemeint ist. Bei der berühmten *Friedensrede* (Περὶ τῆς εἰρήνης, *Oratio* 5) des Demosthenes ist das erstere der Fall.

2a.	Ἐπεὶ —	ἐν τῷ ἔμπροσθεν	εἴπομεν εἰπόντες	περὶ	τῆς τῶν μελιττῶν τροφῆς, τῆς τροφῆς τῆς τῶν μελιττῶν,

νῦν περὶ τῆς τῶν σφηκῶν (τροφῆς)	λέγωμεν. ἐροῦμεν.

2b.	Ἐπεὶ —	ἐν τῷ ἔμπροσθεν	εἴπομεν εἰπόντες	περὶ (τῆς) τροφῆς τῶν μελιττῶν,

νῦν περὶ (τῆς) οἰκήσεως (αὐτῶν)	λέγωμεν. ἐροῦμεν.

- zu 2a: Ein attributiv bestimmtes Substantiv (hier: τροφή) kann ausfallen, wenn es aus dem Kontext leicht zu ergänzen ist; der Artikel steht dann als Stellvertreter.
- zu 2a und b: Das Genetivattribut wird attributiv gestellt (Satz 2a), wenn auf ihm die Betonung liegt (d.h. wenn es das unterscheidende Element des Gesamtbegriffes ist). Es wird prädikativ gestellt (Satz 2b), wenn das übergeordnete Substantiv betont ist. Im zweiten Fall wird der Artikel des übergeordneten Substantivs oft weggelassen.

3.	Πάντες οἱ ἄνθρωποι	τὸ αὐτὸ ταὐτὸ	λέγουσι περὶ τοῦ Δημοσθένους λόγου,

ἐγὼ δὲ μόνος οὐχ ὁμολογῶ αὐτοῖς.

4. Εἰ πάντες οἱ πολῖται εὖ πράττουσιν, καὶ ἡ πᾶσα πόλις εὖ πράττει.

οὐκ ἀρκεῖ δὲ	εἰ οἱ μὲν πλεῖστοι	πολῖται τῶν πολιτῶν	βίον ἔχουσιν ἱκανόν,
	τοὺς μὲν πλείστους	πολίτας τῶν πολιτῶν	βίον ἔχειν ἱκανόν,

οἱ δὲ λοιποὶ	ἐν πάσῃ	πενίᾳ	διάγουσιν. ζῶσιν.	τοῦτ'	εἰδέναι δεῖ
τοὺς δὲ λοιποὺς		ἀπορίᾳ	διάγειν. ζῆν.	ταῦτ'	

πάντα ἄρχοντα καὶ κατὰ τοῦτο / ταῦτα πράττειν.

- ἡ πᾶσα πόλις: Die attributive Stellung von πᾶς betont das Kollektiv „Staat“, während die prädikative Stellung den Staat in allen seinen Teilen zum Ausdruck bringen würde [BR 153; LF 12.4].
- ὁ ἄρχων ist das allgemeinste Wort für jeden Amtsinhaber und Machthaber, sei es in monarchischen oder demokratischen Staaten; Wortfeld „Vorgesetzer“ s.u. XIII 3 Satz 3.

5. Τοὺς ἀρίστους

Τοὺς ἀρίστους	τῶν κερασῶν	ἐσθίουσιν	οἱ ὄρνιθες.
	κερασοὺς	κατεσθίουσιν	

- „essen, fressen“:
  - ἐσθίω normaler Verzehr
  - κατεσθίω stärker: aufessen, auffressen
  - καταπίνω drastisch: verschlingen

Alle drei Verben werden ohne Unterschied von Menschen und Tieren gebraucht.

6. Ἡ χήρα ἐν (τῷ) πολέμῳ τὸν μόνον / ἕνα υἱὸν ἀπέβαλεν, / ἀπώλεσεν,

ὁ δ' υἱὸς μόνος	ἔτρεφεν αὐτήν.
μόνος δ' ὁ υἱὸς	

- „im Krieg“:
  - ἐν πολέμῳ unbestimmt
  - ἐν τῷ πολέμῳ in dem Krieg, von dem vorher die Rede war; zum Artikel vgl. o. Satz 1 „über den Frieden“.
- Das Imperfekt (ἔτρεφεν) drückt die Dauer in der Vergangenheit aus und entspricht hier dem deutschen Plusquamperfekt.

7a.	Ὁ τῶν Ἀθηναίων δῆμος	μᾶλλον	σπουδάζει περὶ τὰ πολιτικὰ
	Ὁ δῆμος ὁ τῶν Ἀθηναίων	πλέον	

(πράγματα) ἢ ὁ τῶν Συρακοσίων (δῆμος).

7b.	Ὁ δῆμος τῶν Ἀθηναίων	ἐφοβεῖτο	τοὺς ὀλίγους.
		ἐδεδοίκει	

- Die sprachliche Logik von 7a und b entspricht der von 2a und b. Der Begriff δῆμος erhält in 7b durch den Gegensatz zu ὀλίγοι den engeren Sinn „die demokratischen Kräfte". Der Genetiv τῶν Ἀθηναίων kann darum auch als partitiv verstanden werden. Ebenso läßt sich jedes partitive Genetivattribut dem „b-Typ" zuordnen; es muß deshalb prädikativ gestellt werden [BR 152.1; LF 11b2]; vgl. o. Satz 5.
- Athenische Volksbeschlüsse beginnen mit der Formel: Ἔδοξε τῇ βουλῇ καὶ τῷ δήμῳ τῶν Ἀθηναίων. Die Betonung liegt auf βουλή und δῆμος: Sowohl der Rat (βουλή) als auch die Volksversammlung (δῆμος) haben zugestimmt.
- Erinnerung: Name der Einwohner anstatt des Stadtnamens („Athen"); s.o. II Satz 11.

VIII Pronomina

Bornemann-Risch § 64-71; Zinsmeister-Färber § 90-103

C Lösungen

1. Ἐγὼ μὲν	ἐνίκησα	τὸν ἀγῶνα	καὶ	ἥδομαι,	σὺ δὲ
	νικήσας		—	χαίρω,	

ἐνικήθης | ἡττήθης καὶ	λυπῇ.
νικηθεὶς | ἡττηθεὶς	

- „Ich“: Das Personalpronomen und seine verstärkten Formen werden vor allem dann gesetzt, wenn ein Kontrast zu einer anderen Person beabsichtigt ist.
- „im Wettkampf gewinnen“: ἀγῶνα νικᾶν, gewöhnlich erklärt als ein verkürztes inneres Objekt (Akkusativ des Inhalts) von νίκην ἀγῶνος νικᾶν [LF 42; anders BR 170.1 Anm. 2].
- „sich freuen“:
  - ἥδομαι intensiver: Lust (ἡδονή) empfinden, genießen; mehr körperlich-sinnlich (ἡδύς: lustbereitend, wohlschmeckend)
  - χαίρω schwächer: etwas als angenehm empfinden, gern haben, heiter und zufrieden sein (daher der Gruß χαῖρε)

2. Μισθωτός (τις) τὸν κῆπόν μου ἐργάζεται. ἐργάζεται δὲ καὶ τὸν ἐμὸν κῆπον καί

τὸν μέγαν τοῦ γείτονος παράδεισον.
τὸν μέγαν παράδεισον τὸν τοῦ γείτονος.

- An ein Substantiv ohne Artikel angehängtes τις betont die Beliebigkeit: irgendeiner. Bei Personen oft als Andeutung: der Name tut nichts zur Sache.
- ἐργάζομαι kann transitiv von landwirtschaftlicher Tätigkeit verwendet werden: τὴν γῆν, τὸ χωρίον ἐργάζομαι.
- „mein“: hier nicht reflexiv; im ersten Satz schwach, im zweiten Satz wegen des folgenden Gegensatzes stark betont.
- τὸν τοῦ γείτονος: Die Nachstellung bewirkt eine Hervorhebung, hier der Antithese.

3. Κέραμόν ποσόν τινα	λαβὲ καὶ	ὕδωρ ἔγχει.
	λαβὼν	

- λαβών: Zur Unterordnung als Partizip s.o. VI Satz 3.

4. Τήμερον τὸν [ἐμὸν / ἐμαυτοῦ] κῆπον ἐργάζομαι καὶ πάντων τῶν ἄλλων (πραγμάτων) [ὀλιγωρῶ· / ἀμελῶ·] αὔριον δὲ τῷ γείτονι συλλήψομαι καὶ τὸν ἐκείνου κῆπον ἐργάσομαι.

- „mein“: hier reflexiv; wenn man den folgenden Satz vorbereiten will, wählt man die stark betonte Form.
- „helfen“:
  - συλλαμβάνω gemeinsam Hand anlegen
  - βοηθέω in der Not zu Hilfe kommen (von βοή „Hilferuf“)
  - ἐπικουρέω als Bundesgenosse (ἐπίκουρος) beistehen
  - συμπράττω gemeinsam tätig sein

5. Τοῦτο τὸ (σὸν) πρᾶγμα ἐμὲ μὲν οὐ βλάπτει, σὺ δ᾽ ἴσως πολὺ ἀργύριον δι᾽ αὐτὸ [ἀποβαλεῖς. / ἀπολεῖς.]

- „Diese“:
  - οὗτος, αὕτη, τοῦτο weist auf Gegenüberliegendes hin:
    1. auf etwas, was zum „Du“ gehört (daher ist im Beispiel σόν entbehrlich)
    2. in einer Gerichtsrede auf den Gegner (οὗτος „mein Gegner“)
    3. auf etwas im sprachlichen Kontext Vorhergehendes
    4. bei Relativsätzen dient es als Bezugswort (οὗτος, ὅς „derjenige, welcher“)
  - ὅδε, ἥδε, τόδε weist auf Naheliegendes hin:
    1. auf etwas, was zum „Ich“ gehört
    2. worauf man zeigt (deiktisch, z.B. auf der Bühne)
    3. im sprachlichen Kontext: Folgendes
  - ἐκεῖνος, ἐκείνη, ἐκεῖνο weist auf Entfernteres hin
- Erinnerung: Auf Verben des Wohl- und Übeltuns folgt in der Regel der Akkusativ; s.o. V Satz 2.

6.

Ὃς	τἀληθῆ λέγει,	τοῦτον δεῖ τιμᾶν.
Ὅστις	ἂν τἀληθῆ λέγῃ,	(οὗτος) τιμάσθω.

- Der Relativsatz kann hier entsprechend einem Kondizionalsatz mit prospektivem Sinn (= ἐάν mit Konjunktiv [BR 279; LF 170]) behandelt werden; er wird dann mit ὅστις ἄν oder ὃς ἄν eingeleitet [BR 290.4b; LF 172.6].
- οὗτος als Bezugswort zu einem Relativsatz kann entfallen (vor allem im Nominativ), wenn der syntaktische Zusammenhang klar ist.

7. Τίνος ἐστὶν ὅδε ὁ δακτύλιος; τούτου ἐστὶ τῶν ἑταίρων, ὃς ἄρτι

		συντεύξεται	
ἀπῆλθεν.	ὅστις	συγγενήσεται	αὐτῷ, λεγέτω αὐτῷ.
οἴχεται.	ὃς	ἂν συντυγχάνῃ	
		ἂν συγγίγνηται	

ἐμοὶ δὲ λέγετε, τί ὄνομα αὐτῷ (ἐστιν).

- „gehören“: εἶναι (+ Gen. oder Dat.):
  - Genetiv: αὕτη ἡ οἰκία Λυσιμάχου ἐστίν („gehört“; Aussage über das Haus)
  - Dativ: Λυσιμάχῳ πολλαὶ οἰκίαι εἰσίν („hat“; Aussage über Lysimachos)
- „(an)treffen“:
  - συντυγχάνω (+ Dat.) mit jemand (zufällig) zusammentreffen
  - συγγίγνομαι (+ Dat.) allg. mit jemand zusammenkommen, verkehren
  - τυγχάνω (+ Gen.) auf jemand stoßen (zufällig)
  - καταλαμβάνω (+ Akk.) jd. antreffen, auch: erwischen, ertappen
  - ἀπαντάω (+ Dat.) begegnen
- λεγέτω: Ein Imperativ im Hauptsatz wird als futurisch empfunden, darum steht auch der zugehörige Relativsatz im Futur. Alternativ ist (wie im Bedingungssatz) der prospektive Konjunktiv mit ἄν möglich, s.o. Satz 6.

8a. Ἐν Συρακούσαις	νεὼν	εἶδον	(τοιοῦτον), οἷος	
	ἱερὸν		(τοιοῦτο), οἷον	

ἐν τῇ Ἑλλάδι οὐκ ἔστιν.

8b. Ἐν Συρακούσαις	νεὼν	εἶδον	(τοσοῦτον), ὅσος
	ἱερὸν		(τοσοῦτο), ὅσον

ἐν τῇ Ἑλλάδι οὐκ ἔστιν.

- Zu den Ortsangaben s.o. II Satz 4.
- „Tempel“:
  - ὁ νεώς Tempelgebäude
  - τὸ ἱερόν Heiligtum, einschließlich des heiligen Bezirkes (τὸ τέμενος) um das Gebäude
- Erinnerung: Ländernamen erhalten den Artikel; s.o. V Satz 7.

<table><tr><td>9. Πάντες οἱ ξένοι,</td><td>οἳ
ὅσοι
ὁπόσοι</td><td>ἀφικνοῦντο, φιλοφρόνως</td></tr></table>

ἐξενίζοντο.

- „Alle“ ist hier gebraucht im Sinne von „jeder einzelne“, daher steht πάντες in prädikativer Stellung.

<table><tr><td>10.</td><td>Εἰ δύο ἐρίζουσιν | ἐρίζετον,
Ἐὰν δύο ἐρίζωσιν | ἐρίζητον,</td><td>πότερος</td><td>(τὰ) ἀληθῆ
(τὰ) δίκαια</td><td>λέγει;</td></tr></table>

<table><tr><td>ἢ ὁ ἕτερος ἢ ὁ ἕτερος· ἐνίοτε δὲ</td><td>ἀμφότεροι·
ἄμφω·</td></tr></table>

ὡς δ᾽ ἐπὶ τὸ πολὺ οὐδέτερος.

- Ist im Kondizionalsatz die Bedingung ohne besonderen Akzent (indefinit), steht εἰ mit Indikativ [BR 278; LF 169]; ist sie prospektiv aufgefaßt (Zukünftiges oder Generelles, Wiederholtes), so steht ἐάν mit Konjunktiv [BR 279; LF 170].
- ἐρίζετον, ἐρίζητον, ἄμφω: Der Dual wird im 5. Jh. v.Chr. noch häufig verwendet, er geht im 4. Jh. zurück.
- „Recht haben“: • ἀληθῆ λέγειν wenn es um eine Wahrheitsfrage geht
  • δίκαια λέγειν wenn es um eine Rechtsfrage geht

<table><tr><td>11.</td><td>Οὗ
Ὅπου</td><td>ᾄδουσιν,
ἂν ᾄδωσιν,</td><td>θαρρῶν καθίζου·</td><td>φαῦλοι
κακοὶ
—
φαύλοις
κακοῖς</td><td>γὰρ</td></tr></table>

<table><tr><td>(ἄνθρωποι) ᾠδὰς οὐκ</td><td>ἴσασιν.
ἐπίστανται.</td></tr><tr><td colspan="2">(ἀνθρώποις) ᾠδαὶ οὔκ εἰσιν.</td></tr></table>

- Erinnerung: „man“ als unbestimmte Mehrheit wird oft durch die 3. Person Plural ausgedrückt; s.o. IV 3 Satz 5.
- „böse“, „schlecht“: • φαῦλος eher vom Wert: minderwertig
  • κακός eher von der Wirkung: schädlich
  • πονηρός eher moralisch: verurteilenswert
  • χαλεπός Schwierigkeiten und Not bereitend: hart, quälend, schwer
  • αἰσχρός moralisch und ästhetisch anstößig: häßlich
- „kennen“: • οἶδα mehr theoretisch: Kenntnis haben, wissen
  • ἐπίσταμαι mehr praktisch: sich auf etwas verstehen, hier auf das Singen

<table>
<tr><td rowspan="3">12.</td><td rowspan="3">Οὗτος ἦν (ὁ) τοῦ κατηγόρου λόγος,
Ὁ μὲν τοῦ κατηγόρου λόγος οὗτος ἦν,</td><td rowspan="3">ἔπειτα δ'</td><td>ὁ ἀπολογούμενος</td></tr>
<tr><td>ὁ κατηγορούμενος</td></tr>
<tr><td>ὁ φεύγων (τὴν δίκην)</td></tr>
</table>

εἶπε τάδε ...

- „die Rede“: Bei der ersten Variante kann der Artikel gesetzt werden, weil οὗτος als Prädikatsnomen empfunden wird, auch wenn es am Satzanfang steht; in der zweiten Variante ist das eindeutig der Fall.
- „Ankläger“:
  - ὁ κατήγορος der a) die Klage einreicht und b) in der Verhandlung die Anklagerede (κατηγορία) hält
  - ὁ διώκων Kläger im Privatprozeß
  - ὁ γραψάμενος Kläger im öffentlichen Prozeß
- „Angeklagter“:
  - ὁ ἀπολογούμενος der sich mit einer Rede (ἀπολογία) verteidigt
  - ὁ κατηγορούμενος der in einer Anklage (κατηγορία) beschuldigt wird
  - ὁ φεύγων der sich mit einem Kläger (διώκων) auseinandersetzen muß

IX Orts- und Zeitbestimmungen

Bornemann-Risch § 63. 199-201; Zinsmeister-Färber § 88;
Lindemann-Färber § 57. 87

C Lösungen

1. Τοῖς μεγάλοις Διονυσίοις

ἐν Ἀθήναις Ἀθήνησι	κατ᾽ ἐνιαυτὸν

τραγῳδίαι καὶ κωμῳδίαι ἐδιδάσκοντο.

- Die großen Dionysien waren ein jährlich in Athen durchgeführtes Fest zu Ehren des Dionysos, verbunden mit Prozessionen und dramatischen Aufführungen.
- Zu den Ortsangaben vgl. II Satz 4.
- „Jahr“:
  - ὁ ἐνιαυτός das Jahr in seinem Ablauf; daher κατ᾽ ἐνιαυτόν von jährlich wiederkehrenden Ereignissen
  - τὸ ἔτος das Jahr als Ganzes, als Zähleinheit; daher πέμπτῳ ἔτει τῆς δεκάτης Ὀλυμπιάδος (zur Zeitrechnung im allgemeinen: BR 202.4; LF 221)

2. Ἐπ᾽ Εὐκλείδου (ἄρχοντος) τὰ Ἰωνικὰ γράμματα

εἰς Ἀθήνας εἰσήχθη.	
ἐν Ἀθήναις	παρελήφθη. νόμιμα κατέστη.

- Wenn nach einem Amtsinhaber datiert wird (einem sog. eponymen Beamten), steht der Name mit ἐπί (+ Gen.). Die Amtsbezeichung kann hinzugefügt werden.
- In Athen wurde nach einem der neun Archonten, dem sog. ἄρχων ἐπώνυμος, datiert. Das Jahr des Eukleides war 403/2 v.Chr. (Da die griechischen Jahre sich nicht mit den römischen decken – Jahresanfang ist in Athen etwa Mitte Juli – überlappen sie grundsätzlich zwei Jahre unserer Rechnung.)
- „jonische Schrift“: Zur Einführung dieses Alphabets s. BR 1 Anm.1; ZF 7.
- „einführen“:
  - εἰσάγω importieren
  - παραλαμβάνω annehmen, aufnehmen
  - νόμιμα κατέστη es wurde als gesetzlich verbindlich festgesetzt (die Einführung der jonischen Schrift geschah durch Volksbeschluß)

<table>
<tr><td>3.</td><td>Οἱ Ἀθηναῖοι</td><td>πρὸς
ἐπὶ</td><td>τῷ Εὐρυμέδοντι ποταμῷ τῆς Παμφυλίας</td></tr>
</table>

<table>
<tr><td>τῇ αὐτῇ ἡμέρᾳ
τῆς αὐτῆς ἡμέρας</td><td>(καὶ) κατὰ γῆν καὶ κατὰ θάλατταν</td></tr>
</table>

ἐνίκησαν τοὺς Πέρσας.

- „an“: • πρός (+ Dat.) in der Nähe
  • ἐπί (+ Dat.) am Rande
- Erinnerung: Die Flüsse und Städte umgebende Landschaft tritt in den Genetiv; s.o. V Satz 7.
- Flußnamen treten attributiv zwischen Artikel und ποταμός [BR 148.1 Anm. 2; LF 19].
- τῇ αὐτῇ ἡμέρᾳ / τῆς αὐτῆς ἡμέρας: Der temporale Dativ ohne ἐν steht für einen bestimmten Zeitpunkt [BR 193; LF 82], temporaler Genetiv für einen Zeitraum („innerhalb“) [BR 179; LF 58].
- Die Schlacht am Eurymedon, d.h. an seiner Mündung ins Mittelmeer, fand im Jahr 465 v.Chr. statt.

<table>
<tr><td>4.</td><td>Πολυνείκης</td><td>μεγάλῃ στρατιᾷ
μεγάλην στρατιὰν ἔχων</td><td>ἐστράτευσεν
ἤλασεν
ἤγαγεν</td><td>ἐξ Ἄργους</td></tr>
</table>

<table>
<tr><td>ἐπὶ Θήβας, ἐξ ὧν</td><td>πολλῶν ἐτῶν
πολλὰ ἔτη</td><td>ἔφευγεν.</td></tr>
</table>

- „mit“ als Ausdruck für begleitende Truppen kann durch den instrumentalen Dativ oder (häufiger) durch die Partizipien ἄγων, ἔχων, λαβών ausgedrückt werden [BR 246b Anm.; LF 84β Anm. 1].
- „ziehen“: • στρατεύω militärisch: zu Felde ziehen
  • ἐλαύνω (intr.) allgemein: fahren, reiten; milit.: mit dem Heer marschieren
  • ἄγω eigentl.: führen; milit. oft ohne Objekt: marschieren
- „seit“: Der Genetiv betont den Anfangspunkt („seit vielen Jahren“) [BR 179.2; LF 58], der Akkusativ die zeitliche Strecke („viele Jahre lang“) [BR 173; LF 39].
- „verbannt sein“: φεύγω. Das Verb kann beides bedeuten: den Vorgang „in die Verbannung gehen“ (dann wäre in der Vergangenheit ein Aorist nötig) und den Zustand „in der Verbannung sein“ (dann steht als Vergangenheitsform das Imperfekt der Dauer).

5\. Πεντήκοντα ἔτη

εἰργασάμην	καὶ	χρήματα ἐκτησάμην,	
ἐπόνησα		ἐχρηματισάμην,	

τὸν δὲ λοιπὸν χρόνον	ὃν δώσουσίν	μοι οἱ θεοί,
τοῦ δὲ λοιποῦ χρόνου	ὃν ἂν διδῶσίν	

ἀπολαύσομαι τῶν κτημάτων.

- Aspekt: Eine abgeschlossene Handlung in der Vergangenheit steht im effektiven Aorist, auch wenn sie lang gedauert hat.
- „arbeiten“:
  - ἐργάζομαι von beruflicher Erwerbsarbeit
  - πονέω mit Betonung der Anstrengung
  - πραγματεύομαι bedeutet vor allem politische und geschäftliche Aufgaben erledigen mit Betonung der Schwierigkeit und Verwickeltheit
  - σπουδάζω betont Eifer und Konzentration

6\. Παρ᾽ Ἕλλησί τε καὶ βαρβάροις, ἐκ τῶν Ἡρακλείων στηλῶν

πρὸς τὸν Ἰνδὸν ποταμόν,	ἐν πάσαις ταῖς πόλεσι καὶ πᾶσι
μέχρι τοῦ Ἰνδοῦ ποταμοῦ,	

τοῖς ἔθνεσι διεσπείρετο ἡ Ἀλεξάνδρου δόξα.

- „Griechen und Barbaren“: „und“ wird hier mit τε καί wiedergegeben, weil das eine besonders enge Verbindung bezeichnet.
- Die „Säulen des Herakles“ (Meerenge von Gibraltar) galten in der Antike als das westliche Ende der Welt.

X Zahlen

Bornemann-Risch § 73; Zinsmeister-Färber § 104-107

C Lösungen

1.

῾Ο	γεραιὸς παλαιὸς	γεωργὸς βοῦς εἶχεν δύο,
Τῷ	γεραιῷ παλαιῷ	γεωργῷ βόες ἦσαν δύο,

ἀλλ᾽ οὐδετέρα παρεῖχε γάλα.

➢ „alt“:
- γεραιός (oder γηραιός) von Menschen: Lebensalter
- παλαιός von Menschen und Sachen: Lebensalter oder historisches Alter
- ἀρχαῖος historisches Alter, auch: altmodisch
- πρεσβύτερος (Komp.) altehrwürdig, bedeutend

➢ „geben“:
- δίδωμι (Eigentumswechsel) übergeben, zahlen, schenken
- παρέχω (Leistung) liefern, spenden, Beitrag leisten

2. Αἱ δεύτεραι φροντίδες τὰ πολλὰ σοφώτεραί εἰσιν.

➢ Akzentuierung von δεύτεραι und σοφώτεραι: Bei dreiendigen nicht endbetonten Adjektiven auf -ος,-η (-α),-ον richten sich Nominativ und Genetiv Plural des Femininums nach dem Maskulinum [BR 37.2; ZF 64.3].

➢ Mit einer kleinen Änderung läßt sich ein jambischer Trimeter [s.o. VI Satz 8] bilden: Αἱ δεύτεραί πως φροντίδες σοφώτεραι. (Euripides, *Hippolytos*, v. 436)
– – ∪ – – – ∪ – ∪ – ∪ –

3. Ξέρξης παμπόλλῳ στρατεύματι ἐπὶ τὴν ῾Ελλάδα [ἐστράτευσεν· / ἤλασεν· / ἤγαγεν·]

τὸ μὲν γὰρ [τῶν πεζῶν / τοῦ πεζοῦ] πλῆθος ἦν ἑβδομήκοντα καὶ ἑκατὸν

μυριάδες καθ᾽ ῾Ηρόδοτον, τὸ δὲ [τῶν ἱππέων / τοῦ ἱππικοῦ] ὀκτὼ μυριάδες.

➢ „ziehen“: Wortfeld s.o. IX Satz 4.

4. Ὀρφεὺς ἦν υἱὸς / παῖς Καλλιόπης, μιᾶς τῶν ἐννέα Μουσῶν.

- Erinnerung: υἱός (oder παῖς) bleibt als Prädikatsnomen ohne Artikel; s.o. II Satz 1.
- Erinnerung: Die Apposition („einer der 9 Musen") steht im selben Kasus hinter ihrem Bezugswort; s.o. IV 1 Satz 6.
- „Musen": Merkspruch für die Namen der neun Musen:
Klio-Mel-Ter-Thal (= Klio, Melpomene, Terpsichore, Thalia)
Eu-Er-Ur-Po-Kal. (= Euterpe, Erato, Urania, Polyhymnia, Kalliope)
Bei Hesiod (*Theogonie* 75-79) sind die Namen in drei Hexametern aufgezählt.

5. Τίμων οὐκ εἶχε μυρία τάλαντα ἀργυρίου, ἀλλὰ μύρια.
Τίμωνι οὐκ ἦν μυρία τάλαντα ἀγυρίου, ἀλλὰ μύρια.

- Wörter wie „nur", „schon" (vgl. u. XI 5 Satz 5) und „erst" werden vor Zahlen in der Regel nicht übersetzt, wenn sie nicht ein ganz besonderes Gewicht haben.
- μύρια/μυρία: Ein solches Wortspiel kommt in antiken Texten nicht vor. Es wäre in einem geschriebenen Text unverständlich, weil die Schreibung der Akzente erst in der Spätantike üblich wurde.
- „Silber": • ὁ ἄργυρος Silber als Stoff, Material (z.B. eines Goldschmiedes)
• τὸ ἀργύριον Silber in bestimmten Mengen; wenn gemünzt: Silbergeld
Entsprechend werden χρυσός und χρυσίον verwendet. Die Verkleinerungssilbe -ίον wird auch gebraucht, um eine begrenzte Menge zu bezeichnen. Daher bezeichnet z.B. τὸ βιβλίον ein begrenztes Stück einer potentiell unbegrenzten Rolle Papyrus (ἡ βίβλος), „ein Buch" (nicht etwa „Büchlein"). Zu σιτίον s.o. IV 1 Satz 4.

6. (Τῇ) εἰκοστῇ (καὶ) πρώτῃ ἡμέρᾳ μετὰ τὸν ἔκπλουν
ἀφικόμεθα εἰς Ἀθήνας· / Ἀθήναζε· διὰ παντὸς δὲ τοῦ πλοῦ / κατὰ / παρὰ πάντα δὲ τὸν πλοῦν
χειμὼν ἦν, καὶ δεκάκις τῆς ἡμέρας ᾠόμεθα / ἐνομίζομεν ἀπολωλέναι.

- „zwanzig Tage nach" = „am einundzwanzigsten Tag nach". Bei Ordinalzahlen wird die inklusive Zählung angewendet: Das erste Glied zählt mit, daher heißt „am übernächsten Tag" τῇ τρίτῃ ἡμέρᾳ.
- ἀπολωλέναι ist resultatives Perfekt.

7. Οἱ Γερμανοὶ τοῖς παισὶ πολλάκις τόδε τὸ αἴνιγμα λέγουσιν·

ἀνὴρ	εἰς τοῖχον	ἔγραψεν·
	ἐν τοίχῳ	

δέκα δακτύλους ἔχω πρὸς	ἑκάστῃ	χειρὶ
	ἑκατέρᾳ	

πέντε καὶ εἴκοσι πρὸς χερσί τε καὶ ποσίν.

Τοῦθ’	ὅστις μὴ οἶδεν	ὀλίγον	οἶδεν.
	ὁ μὴ εἰδὼς	ὀλίγα	

- Des Rätsels Lösung liegt in der fehlenden Übereinstimmung von Sinnabschnitt und Zeilenschluß.
- „Wer das nicht weiß“ = „Wenn jemand das nicht weiß“: bei kondizionalem Sinn werden Nebensätze und Partizipien durch μή verneint [BR 250.4α-β; LF 137 IId-e].

8.

Μία ἡμέρα πολλάκις	ἀπόλλυσιν	ὃ πολλαὶ γενεαὶ	(ἀνθρώπων)
	διαφθείρει	τὸ ὑπὸ πολλῶν γενεῶν	

μυρίῳ πόνῳ	ἀποτετελέκασιν.
μυρίοις πόνοις	ἀποτετελεσμένον.

- „ein einziger Tag“: μία genügt, der Zusatz von μόνη wäre eine überflüssige Verstärkung. Im Deutschen wird „einziger“ zugesetzt, um auszuschließen, daß „ein“ als unbestimmter Artikel verstanden wird.

XI Thematische Konjugation

XI 1 Verba vocalia
Bornemann-Risch § 89-98; Zinsmeister-Färber § 130-142

C Lösungen

1. Οἱ θεώμενοι ἐν τοῖς τε θεάτροις καὶ τοῖς γυμνικοῖς ἀγῶσι καὶ ὁρᾶν καὶ ὁρᾶσθαι βούλονται.

- Zur doppelten Verbindungspartikel τε … καί und καί … καί s.o. I Satz 2.
- „Theater“: τὸ θέατρον bezeichnet im engeren Sinne den Zuschauerraum.

2a.	Χρῆσθαι Χρήσασθαι	δεῖ ἡμᾶς	πάσαις ταῖς δυνάμεσιν, ἃς πάσῃ τῇ ῥώμῃ, ἣν	ἡ φύσις
	ἐδωρήσατο δεδώρηται	ἡμῖν.		

2b. 2c.	Χρώμεθα Χρησόμεθα	πάσαις ταῖς δυνάμεσιν, ἃς πάσῃ τῇ ῥώμῃ, ἣν	ἡ φύσις	ἐδωρήσατο δεδώρηται	ἡμῖν.

- χρώμεθα: Eine Aufforderung an die erste Person Plural (selten Singular) wird durch den adhortativen Konjunktiv [BR 227.2a; LF 130.2] ausgedrückt.
- „Kraft“: • ἡ δύναμις Fähigkeit, Vermögen (körperlich und geistig)
  • ἡ ῥώμη physische Kraft (Plural nicht üblich)

3.	Εἰ	νικηθησόμεθα ἡττησόμεθα	ἐν τῇδε τῇ (νῦν) μάχῃ,
	Ἐὰν	νικώμεθα | νικηθῶμεν ἡττώμεθα | ἡττηθῶμεν	
	οἱ ζῶντες φθονήσουσι τοῖς	τεθνηκόσιν. ἀποθανοῦσιν.	

- Zum Kondizionalsatz s.o. VIII Satz 10.
- Erinnerung: Auch Adverbien (νῦν) können als Attribute gebraucht werden; vgl. o. II Satz 6.

<table><tr><td>4. Ὁ γεωργὸς</td><td>εἰ
ἐὰν
—</td><td>ὑετοῦ
ὕδατος</td><td>δεῖται,
δέηται,
δεόμενος</td><td>Διῒ εὔχεται.</td></tr></table>

- Ist das Subjekt von Haupt- und Nebensatz dasselbe, wird es vorangestellt.
- Ein Kondizionalsatz kann – wie fast alle Nebensätze – durch ein Partizip ersetzt werden [BR 246e; LF 151].
- „Regen“: • τὸ ὕδωρ allg. Wasser
  • ὁ ὑετός Regenfall

<table><tr><td>5.</td><td>Ἔα
Ἔασον</td><td>τοὺς παῖδας ποιεῖν, ὅ (τι)</td><td>βούλονται.
ἂν βούλωνται.</td></tr><tr><td></td><td>Εἴων
Εἴασα</td><td>τοὺς παῖδας ποιεῖν, ὅ (τι)</td><td>ἐβούλοντο.
βούλοιντο.</td></tr></table>

- Beim Imperativ gibt der Aspekt den Ausschlag; linear (fortwährend): Präsens; punktuell (einmalig): Aorist.
- Im verallgemeinernden Relativsatz kann (wie im Bedingungssatz) in der Gegenwart der Konjunktiv mit ἄν stehen, in der Vergangenheit der Optativ ohne ἄν.

6a. Ζεὺς ἔδησε Προμηθέα πρὸς τὸν Καύκασον τὸ ὄρος. b) Προμηθεὺς ὑπὸ Διὸς πρὸς τὸν Καύκασον τὸ ὄρος ἐδέθη. c) Ζεὺς ἐκόλασε

<table><tr><td>Προμηθέα</td><td>δέων
δήσας</td><td>πρὸς τὸν Καύκασον.</td></tr></table>

- „der Berg Kaukasus“: Bei geographischen Namen steht der Artikel doppelt, wenn Name und Apposition im Genus nicht übereinstimmen [BR 148.1 Anm. 2; LF 19].
- Zu Satz c): Wenn Hauptverb und Partizip dasselbe Objekt haben, braucht dieses nur einmal gesetzt zu werden (sog. „Stellung ἀπὸ κοινοῦ“). Daher kann „ihn“ unübersetzt bleiben.

<table><tr><td>7. Οἱ μὲν ἀδικήσαντες</td><td>ἐδέθησαν,
ἐδοῦντο,</td><td>οἱ δὲ</td><td>μη(δὲν) ἀδικήσαντες
ἀναίτιοι</td></tr><tr><td>ἐλύθησαν.
ἐλύοντο.</td><td></td><td></td><td></td></tr></table>

- ἐδοῦντο: δέω „binden“ kontrahiert regelmäßig [BR 94.1 Anm.; ZF 133.3 Anm.].
- Bei inhaltlichem Gegensatz zweier gleichgestellter Satzglieder wird das deutsche „und“ oft durch μέν … δέ (s.o. I Satz 4) wiedergegeben.
- Erinnerung: Ein Partizip mit kondizionalem Sinn wird mit μή verneint; s.o. X Satz 7.

<table>
<tr><td>8. Ἐν τῇ αὔριον ἐκκλησίᾳ ὁ κῆρυξ</td><td>τῶν πολιτῶν τοὺς ἀρίστους
τοὺς ἀρίστους πολίτας</td></tr>
</table>

<table>
<tr><td>ὀνομαστὶ
(τῷ) ὀνόματι</td><td>καλεῖ,</td><td>καὶ ἔπειτα
καλέσας δὲ</td><td>δημοσίᾳ ἐπαινέσεται.</td></tr>
</table>

- ➢ Der *Genetivus partitivus* steht immer in prädikativer Stellung. Wird er (wie hier) vorangestellt, ist das folgende Beziehungswort besonders betont.
- ➢ „dann“: Die Satzverbindung kann man sinnfälliger machen, indem man das vorige Prädikat als Partizip wiederholt.

<table>
<tr><td>9. Οἱ Ἀθηναῖοι εἰς τὴν Σικελίαν</td><td>ἔπλευσαν
ἔπλεον</td><td>ἐλπίζοντες τούς τε</td></tr>
</table>

<table>
<tr><td>Συρακοσίους νικήσειν καὶ ὅλην τὴν νῆσον</td><td>κτήσεσθαι.
καταδουλώσειν.</td></tr>
</table>

- ➢ „aneignen“: • κτᾶσθαι erwerben, sich aneignen (unemotionale Ausdrucksweise)
  • καταδουλόω unterjochen, versklaven (emotional)

<table>
<tr><td>10. Τὸ μὲν ἥμισυ τοῦ ἔργου
Τὸ ἔργον ἥμισυ μὲν</td><td>(ἀπ)ετέλεσα,
(ἀπο)τετέλεκα,</td><td>τὸ δ᾽ ἥμισυ
ἥμισυ δὲ</td><td>κατὰ τὴν</td></tr>
</table>

θερινὴν ἀνάπαυλαν ἀποτελῶ.

- ➢ „Hälfte“: • substantiviertes Adjektiv, das gemeinte Ganze wird im partitiven Genetiv untergeordnet
  • Adjektiv „halb“ prädikativ nachgestellt („zur Hälfte“), das Gemeinte ist übergeordnet; vgl. u. XIII 3 Satz 4 „in der Mitte“.

<table>
<tr><td>11. Ἐγὼ μὲν</td><td>ἐδυστύχησα καὶ διὰ τοῦτο
δυστυχήσας</td><td>λυποῦμαι· σὺ δ᾽</td></tr>
</table>

<table>
<tr><td>εὐτυχοίης
εὐτυχήσαις
εὐτυχήσειας</td><td>καὶ</td><td rowspan="2">χαίροις.</td></tr>
<tr><td colspan="2">εὐτυχήσας</td></tr>
</table>

- ➢ „Ich habe Unglück gehabt“: Der Vorzeitigkeit im Deutschen entspricht im Griechischen der Aspekt der Abgeschlossenheit: komplexiver Aorist; s.u. XI 2 Satz 1.

12.	Εἴθ'	ὁ πατὴρ	ὁρῴη	μ' εὐδοκιμοῦντα ἐν τοῖς ἡλικιώταις.
	Εἰ γὰρ		(ὁρῷ)	

- „Wenn doch“: Ein Satz, der einen erfüllbaren Wunsch enthält, steht im Optativ und wird meist mit εἴθε oder εἰ γάρ eingeleitet [BR 228.2; LF 131].
- „könnte“: Modalverben wie „können“ und „müssen“ sind nicht mitzuübersetzen, wenn sie sachlich überflüssig sind.

13.	Ἐκελεύσθην | Ἐκελευόμην	μὴ γελᾶν	τὴν	τῶν φίλων	συμφοράν.
	Παρῃνέθην | Παρῃνούμην		τὰ		κακά.

- „ermahnen“,
  „auffordern“:
  - κελεύω (+ Akk.) große Bandbreite, von „bitten“ bis „befehlen“
  - παραινέω (+ Dat.) mahnen (belehrend, ratend)
  - παρακαλέω (+ Akk.) auffordern, einladen; auch: herbeirufen
  - παρακελεύομαι (+ Dat.) anfeuern, drängen (stark emotional)
  - προτρέπω, /-ομαι (+ Akk.) jd. für etwas (z.B. eine philosophische Lehre) werben, gewinnen
  - ἀξιόω (+ Akk.) von jm. verlangen (als etwas Angemessenes; als Verpflichtung)
- παρῃνέθην: Ein persönliches Passiv wird manchmal auch von intransitiven Verben gebildet.
- „Unglück“:
  - ἡ συμφορά was einem zustößt, Unheil, Katastrophe
  - ἡ δυστυχία ähnlich wie συμφορά, mit Betonung des Zufallscharakters
  - τὰ κακά schlimme Lage, Leid

XI 2 Verba muta

Bornemann-Risch § 99-102, Zinsmeister-Färber § 142-145

C Lösungen

1. Προμηθεὺς [ἐπεὶ ἔκλεψε / κλέψας] τὸ πῦρ οὐκ ἐξέφυγε τὴν Διὸς τιμωρίαν.

- Erinnerung: Ist das Subjekt von Haupt- und Nebensatz dasselbe, wird es vorangestellt; s.o. XI 1 Satz 4.
- Vorzeitigkeit wird im Griechischen nicht durch Plusquamperfekt ausgedrückt; maßgeblich ist der Aspekt, hier Aorist (perfektiv, abgeschlossene Handlung).

2. Τοὺς (ἡμετέρους) ἵππους εὖ γυμνάσομεν, [καὶ αὐτοὶ γυμνασόμεθα / γυμνασόμεθα δὲ καὶ αὐτοὶ] εἰς τὸν ἀγῶνα. νικήσει γὰρ ὁ ἄριστα [γυμνασάμενος. / γεγυμνασμένος.]

- τοὺς (ἡμετέρους) ἵππους: Zum Ausdruck des Besitzverhältnisses s.o. II Satz 5.
- „und auch“: Da „auch“ ebenfalls καί heißt, genügt ein einfaches καί. Zur stärkeren Hervorhebung des Zusätzlichen dient δὲ καί.
- „uns üben“: Das direkt reflexive Medium drückt aus, daß das Subjekt zugleich Objekt der Verbalhandlung ist [BR 204.4; LF 110.1]; häufig bei den Verben „sich waschen, sich rüsten, sich salben, sich verhüllen, sich wenden, sich üben“.

3. Πολλοὶ [τῶν πολιτῶν / πολῖται] τοῖς τοῦ ῥήτορος λόγοις [ἐπείσθησαν, / πεπεισμένοι εἰσίν,] [οἱ δὲ λοιποί, οἶμαι, ἔτι πείσονται. / τοὺς δὲ λοιποὺς οἴομαι ἔτι πείσεσθαι.]

- „sich überzeugen lassen“: Das Medium πείθομαι bedeutet „sich überreden (überzeugen) lassen, gehorchen, glauben“ (+ Dat.), der Aorist dazu hat passive Formen: ἐπείσθην.
- „glaube ich“: Das Verbum οἴομαι kann in Parenthese eingeschoben werden, es hat dann meist die kontrahierte Form οἶμαι.

4.	Εἰ ἡμᾶς σώσεις, Ἐὰν ἡμᾶς σώσῃς,	μέγιστόν σ᾽ εὐεργέτην	νομιοῦμεν ἡγησόμεθα	τῆς πόλεως.

➢ ἐάν mit Konjunktiv hat prospektive Bedeutung [BR 279; LF 170] und kann im Unterschied zu εἰ mit dem Indikativ Futur den Aspekt verdeutlichen; hier bezeichnet der Aorist die Abgeschlossenheit in der Zukunft.

5.	Ἐν	τῷ νόμῳ τοῖς νόμοις	γέγραπται (τόδε)· Μηδεὶς τοῖς ἄλλου (τινὸς)

κτήμασι χρήσθω μὴ πείσας αὐτόν.

➢ „Es steht geschrieben“ ist Resultat des Schreibvorgangs, daher Perfekt.
➢ Erinnerung: Partizipien mit kondizionalem Sinn werden mit μή verneint; s.o. X Satz 7.

6.	Γονεῖς (ἐκ)θρέψαντες παῖδα	ἐλπίζουσι προσδοκῶσι	τὸν παῖδα αὐτὸν	πάλιν αὖθις

θρέψειν	αὐτοὺς ἑαυτοὺς	ἐν τῷ γήρᾳ· γέροντας· γεράσαντας· γεγηρακότας·	γηροτροφίαν ἢ γηροβοσκίαν

ταύτην καλοῦσιν οἱ Ἕλληνες. παῖς δὲ	εὖ καλῶς	τεθραμμένος καὶ

πεπαιδευμένος	ἄσμενος ἀσμένως ἡδέως ἑκὼν	ἀποτελεῖ ποιήσει	τὸ δέον. τὸ προσῆκον.

➢ (ἐκ)θρέψαντες/θρέψειν: zur sog. Hauchdissimilation bei τρέφω vgl. BR 22.3; ZF Regel 17.
➢ „wieder“: • πάλιν eigentl.: in umgekehrter Richtung
• αὖθις eigentl.: noch einmal; auch kombiniert πάλιν αὖθις
• oft durch Komposita ausgedrückt, z.B. ἀντιφιλέω „wiederlieben“. Solche Komposita können, auch wenn sie nicht üblich sind, spontan gebildet werden (ἀντιτρέφω einmal belegt bei Xenophon).
➢ ἑαυτούς: indirektes Reflexiv [BR 154.1b; LF 26c], im Griechischen nicht obligatorisch.
➢ ταύτην: Das Pronomen als Objekt oder Subjekt richtet sich in Genus und Numerus meist nach dem Prädikatsnomen [BR 257.4; LF 7 Anm.].

7. Μὴ	ἔλπιζε	ψευδόμενος	(ἀπο)κρύψειν	ἃ πέπραχας·
	ἐλπίσῃς	ψεύδεσιν		τὰ ὑπὸ σοῦ πεπραγμένα·

οὐδεὶς γὰρ ἔμφρων πείσεταί σοι, καὶ τῷ χρόνῳ πάντως

ἀποκαλυφθήσεται τὰ	(ἀπο)κεκρυμμένα.
	κρυπτά.

➢ Zur Negation beim Imperativ s.o. II Satz 8. Im Präsens steht μή mit dem Imperativ, im Aorist μή mit dem Konjunktiv (nur 2. Pers. Sing.) [BR 229; LF 135].

➢ „lügen“:
- ψεύδω täuschen (selten)
- ψεύδομαι (Med.) lügen; Aorist: ἐψευσάμην
- ψεύδομαι (Pass.) getäuscht werden, sich täuschen lassen; Aorist: ἐψεύσθην

XI 3 Verba liquida

Bornemann-Risch § 103-107; Zinsmeister-Färber § 146-148

C Lösungen

1.	Ἄγγελλε Ἄγγειλον	τοῖς	Λακεδαιμονίοις, Σπαρτιάταις,	ὦ ξένε, ὅτι	ἐνθάδε τῇδε	τεθάμμεθα,
	οὗ (ἐκεῖνοι)	ἐκέλευσαν ἡμᾶς παρήγγειλαν ἐνετείλαντο ἡμῖν προσέταξαν	μένειν. μεῖναι.			

- Dies ist eine Prosa-Paraphrase des berühmten Epigramms des Simonides auf dem Grab der Gefallenen bei den Thermopylen (480 v.Chr.):
  ὦ ξεῖν' ἀγγέλλειν Λακεδαιμονίοις ὅτι τῇδε
  κείμεθα τοῖς κείνων ῥήμασι πειθόμενοι. (Herodot 7, 228)
- „melde“: Im Imperativ können sich Präsens und Aorist so unterscheiden:
  - Präsens = dauernder Auftrag, Aorist = einmaliger Auftrag
  - Präsens = Versuch, etwas zu erreichen, Aorist (effektiv) = nachhaltige Verwirklichung
  - Präsens = Handlung in ihrem Ablauf vorgestellt, Aorist = zusammenfassend (komplexiv). Diese Möglichkeiten kommen im vorliegenden Satz in Frage.
- In der Dichtung kann der Befehl durch den Infinitiv ausgedrückt werden.
- „Spartaner“:
  - ὁ Σπαρτιάτης,-ου Vollbürger von Sparta (Herrenschicht)
  - ὁ Λακεδαιμόνιος oder ὁ Λάκων,-ωνος Bewohner der Landschaft Lakonien (Λακωνική) oder des Landes Λακεδαίμων. Eingeschlossen sind die Periöken (Περίοικοι) mit minderem Bürgerrecht, ausgeschlossen die Staatssklaven, die Heloten (Εἵλωτες). Das Wort Λακεδαιμόνιοι wird am häufigsten gebraucht und nicht immer klar von Σπαρτιᾶται unterschieden.
- „befehlen“:
  - κελεύω (+ Akk./AcI) allg.: auffordern (bitten, mahnen, befehlen)
  - παραγγέλλω (+ Dat.) einen Auftrag erteilen (oft von milit. Kommandos)
  - ἐντέλλομαι (+ Dat.) einen Auftrag erteilen (allgemein)
  - προσ-/ἐπιτάττω (+ Dat.) anordnen (autoritativ)

  Siehe auch das Wortfeld „ermahnen“, „auffordern“ o. XI 1 Satz 13.

2. Τίς ἐστιν ὁ ἀμυνῶν τοὺς πολεμίους καὶ σώσων ἡμᾶς;
- Ein substantiviertes Partizip (ὁ ἀμυνῶν) als Prädikatsnomen behält seinen Artikel [BR 149.1 Anm.; LF 17b].

<table><tr><td>3.</td><td>Οἴκαδε</td><td>τὰ αὐτὰ
τὸ αὐτὸ
ταὐτὸ</td><td>(ἀπ)αγγελῶ,</td><td>ἃ
ὃ</td><td>(ὑμεῖς) (ἐ)μοὶ</td><td>ἠγγέλκατε.
ἠγγείλατε.</td></tr></table>

- „Melden“: Die Ortsbestimmung dazu wird als Richtung angegeben (wohin?) [BR 199.1]
- Um das Verhältnis der Personen zueinander anschaulicher zu machen, kann das Personalpronomen im Nominativ (ὑμεῖς) eingefügt, das im Dativ in die betonte Form (ἐμοί) gesetzt werden; vgl. o. VIII Satz 1.

<table><tr><td>4.</td><td>Ὑγιανεῖτε</td><td>, εἰ καθαρεῖτε
, ἐὰν καθαίρητε / καθήρητε
καθαίροντες
καθήραντες</td><td>τὰς (ὑμετέρας) οἰκίας καὶ τὸ λοιπὸν</td></tr></table>

<table><tr><td>ἀεὶ ἐσθῆτα εὖ κεκαθαρμένην</td><td>ἐνδύσεσθε.
ἐνδύητε.
ἐνδυόμενοι.</td></tr></table>

- Aspekt: Der Aorist (καθήρητε/καθήραντες) bedeutet eine einmalige Reinigungsaktion.

<table><tr><td>5.</td><td>Μεταξὺ τῶν δένδρων δίκτυον ἐτέτατο. τῶν δὲ</td><td>θηρευτῶν
κυνηγετῶν</td></tr></table>

<table><tr><td>σημηνάντων οἱ μὲν κύνες ὑλάκτησαν, τὰ δ᾽ ἐν τῇ ὕλῃ θηρία</td></tr></table>

<table><tr><td>ἔφευγε καὶ
φεύγοντα</td><td>ὑπὸ τοῦ δικτύου
τῷ δικτύῳ</td><td>ἐκωλύθη.</td></tr></table>

- Erinnerung: „versuchen“ wird durch das *Imperfectum de conatu* ausgedrückt.
- Erinnerung: Die Urheberschaft im Passiv („vom Netz“) wird durch ὑπό mit dem Genetiv ausgedrückt, bei Sachen steht häufiger der *Dativus instrumentalis*; s.o. IV 1 Satz 6.
- „Tier“: Wortfeld s.o. III Satz 1.

6. Πρέσβεις παρὰ Δαρείου ἀπεσταλμένοι γῆν καὶ ὕδωρ ᾔτησαν παρὰ

<table><tr><td>τῶν</td><td>Ἑλληνικῶν
Ἑλληνίδων</td><td>πόλεων (ὡς) σημεῖον τοῦ ὑποτάττεσθαι.</td></tr></table>

πολλαὶ μὲν οὖν τῶν πόλεων συνεχώρησαν· οἱ δὲ Ἀθηναῖοι καὶ

<table><tr><td>οἱ Λακεδαιμόνιοι οὐδὲν</td><td>ἀπεκρίναντο, ἀλλ᾽
ἀποκρινάμενοι</td><td>ἀπέκτειναν
διέφθειραν</td><td>αὐτούς.</td></tr></table>

- πρέσβεις: Der Plural von πρεσβευτής „Gesandter“ wird üblicherweise durch den Plural des Adjektivs πρέσβυς „alt“ ersetzt [BR 55.5; ZF 57 Anm. 1], s.u. XI 5 Satz 5.
- ᾔτησαν kann auch mit doppeltem Akkusativ konstruiert werden [BR 168]: γῆν καὶ ὕδωρ ᾔτησαν τὰς Ἑλληνικὰς πόλεις.
- „töten“: • ἀποκτείνω Töten von Lebewesen
  • διαφθείρω allgemeiner: verderben, zugrunderichten, zerstören

7. Οἱ μὲν κατ᾽ αὐτὴν τὴν Ἑλλάδα Ἕλληνες ἠμύναντο τοὺς Πέρσας· πολλαὶ δὲ τῶν κατὰ τὴν Ἀσίαν πόλεων (καίπερ) ἀνδρείως ἀμυνόμεναι ἡττήθησαν τῶν Περσῶν.

- „sich verteidigen“: Der Satz muß an die Konstruktion von ἀμύνω angepaßt werden:
  • ἀμύνειν (+ Akk.): jd. abwehren = sich verteidigen gegen jd.
  • ἀμύνειν (+ Dat.): für jd. abwehrend eintreten = jd. verteidigen
  • ἀμύνεσθαι (+ Akk.): jd. im eigenen Interesse abwehren = sich selbst gegen jd. verteidigen
- „unterliegen“: ἡττάομαι ist ein *Deponens passivum.*
- „obwohl“: Ein Konzessivsatz wird als *Participium coniunctum* (oder *absolutum*) konstruiert, zur Verdeutlichung mit καίπερ eingeleitet.
- ἀμυνόμεναι: Das Präsens deutet an, daß sie keinen Erfolg hatten (*de conatu*), im Kontrast zu dem vorausgehenden effektiven Aorist ἠμύναντο.

8. (Τὸν) γραμματικὸν δεῖ μὴ μόνον [γιγνώσκειν / συνιέναι / μανθάνειν] [ἃ / τί] ποιητής τις ἢ συγγραφεὺς (λέγειν) βούλεται, ἀλλὰ καὶ διακρίνειν ἀγαθὰ καὶ κακὰ [συγγράμματα. / ποιήματα.] [διὰ τοῦτο / διὸ] καὶ κριτικὸς [κέκληται. / ὠνόμασται.] οἷον Σοφοκλῆς ὑπὸ πολλῶν κριτικῶν ἄριστος [τραγῳδιῶν ποιητὴς / τραγῳδοποιὸς] κέκριται.

- Erinnerung: Nach δεῖ wird der Infinitiv mit μή verneint.
- „verstehen“: • γιγνώσκω geistiges Erfassen einer Sache
  • συνίημι Verstehen einer Äußerung
  • μανθάνω Aufnehmen einer Mitteilung
- „Schriften“: • τὸ σύγγραμμα allg. schriftliche Aufzeichnung, bes. Prosa
  • τὸ ποίημα eigentl. das Gemachte; speziell: Dichtung
- κέκληται und κέκριται: präsentisches Perfekt; eine in der Vergangenheit vollzogene Handlung wirkt bis in die Gegenwart.

XI 4 Starke Tempora
Bornemann-Risch § 108-115; Zinsmeister-Färber § 149-155

C Lösungen

1. Θησεὺς [— / ἐπεὶ] Ἀριάδνην ἐν Νάξῳ τῇ νήσῳ [καταλιπὼν / κατέλιπεν,]
[Ἀθήναζε / εἰς Ἀθήνας] (ἀπ)έπλευσεν. ἐκεῖ τὸν (ἑαυτοῦ) πατέρα [νεωστὶ / ἄρτι]
[ἀποθανόντα / τεθνηκότα / τεθνεῶτα] κατέλαβεν.

- ➢ Bei Städte- und Inselnamen wird die Apposition „Stadt“ und „Insel“ meist mit Artikel nachgestellt.
- ➢ „fahren“:
  - πλέω zur See/mit dem Schiff fahren
  - πορεύομαι reisen (allgemein), auch zu Fuß
  - ἔρχομαι sich irgendwohin begeben
  - ἐλαύνω (ἐφ᾽ ἅρματος, ἁμάξης, ἵππου) mit einem Wagen fahren, reiten

2. (Τὴν) αἰσχύνην [(ἐκ)φυγεῖν / ἀποδρᾶναι] χαλεπώτερόν ἐστιν ἢ (τὸν) θάνατον·
αὕτη γὰρ θᾶττον [τρέχει / θεῖ] ἐκείνου. λέγω δὲ τοῦτο, ὦ Ἀθηναῖοι,
ἵνα [μάθητε / γνῶτε / εἰδῆτε] [ὅτι / με] [κελεύουσιν / ἐπιτάττουσιν / προστάττουσιν] ὑμῖν τὸ λοιπὸν σιγᾶν
οὐ [πείσομαι. / πεισόμενον.]

- ➢ „Schande“ und „Tod“ können als abstrakte Substantive ohne Artikel stehen.
- ➢ „fliehen“:
  - φεύγω meiden; im effektiven Aorist [BR 211c; LF 119]: entkommen
  - ἀποδιδράσκω davonlaufen, entlaufen
- ➢ Nach Verben der sinnlichen und geistigen Wahrnehmung sowie des Wissens steht ein Nebensatz mit ὅτι oder ein AcP [BR 244.1; LF 153].
- ➢ Inhalt: Der Satz lehnt sich an die Verteidigungsrede des Sokrates (Platon, *Apologie* 39 AB) an.

3. Ἐλθὲ εἰς τὸν ἡμέτερον σύλλογον καὶ κοινωνὸς γενοῦ

τῆς	ἡμετέρας ἑταιρείας. ἑταιρείας ἡμῶν.

- Merksatz für die fünf endbetonten Imperative im starken Aorist Aktiv: „Labet eure Eltern in der Kneipe!“ λαβέ, εὑρέ, ἐλθέ, ἰδέ, εἰπέ
- „Partei“: Organisierte Parteien gab es in Athen nicht. ἑταιρεία (oder -ία) ist eine Art politischer Klub.

4. Μῶρος	ἐγένετο γεγένηται γέγονε ἐγεννήθη γεγέννηται	καὶ οὐδὲν	προσέμαθεν. προσμεμάθηκεν.

- „geboren werden“: • γίγνομαι allgemein: werden, entstehen
• γεννάομαι konkret: geboren werden
- Der Aorist ἔμαθεν hat effektive Bedeutung (er hat gelernt), während das Perfekt μεμάθηκεν den erreichten Zustand betont (er weiß).

5. Πάτροκλος πρὸς τῇ ἀκτῇ τῆς Τρῳάδος ἐτάφη. Ἀχιλλεὺς οὖν ἐπὶ τῇ πυρᾷ δώδεκα Τρῶας αἰχμαλώτους ἀπέσφαξεν, οἱ δ᾽ ἀποσφαγέντες μετὰ τοῦ Πατρόκλου σώματος ἐκαύθησαν. Ἀχιλλεὺς δὲ καὶ τούτῳ ὠμότατος καὶ ἀγριώτατος ἐφάνη, ὅτι τὸ Ἕκτορος σῶμα περὶ τὸν τύμβον εἷλκεν. ἀλλ᾽ ἀπέσβη ἡ ὀργή,

	ἐπεὶ ὅτε	Πρίαμος εἰς τὴν σκηνὴν			
ἐλθὼν ἀφικόμενος ἥκων		ἐδεῖτο καὶ ἱκέτευεν ἀπολῦσαι τὸ τοῦ	υἱοῦ υἱέος	σῶμα.	

- „kommen“: • ἔρχομαι kommen, gehen (allg. von Ortsbewegungen)
• ἀφικνέομαι ankommen
• ἥκω gekommen sein (perfektischer Sinn; das Imperfekt ἧκον hat jedoch aoristischen Sinn: ich kam an)
• πάρειμι anwesend sein; da sein
- „flehentlich bitten“ ἐδεῖτο καὶ ἱκέτευεν: Eine Verstärkung des Ausdrucks kann durch die Verbindung zweier Synonyme erreicht werden (Hendiadyoin).
- „des Sohnes“: zur Deklination von υἱός s. BR 55.7; ZF 57 Anm. 2.

6.	Οὐπώποτε εἰς	τὴν ἐκκλησίαν	ἀνέβης	οὐδὲ τὸ λοιπὸν
		τὸν δῆμον	ἀναβέβηκας	

πολλάκις ἂν ἀναβαίνοις.

➤ „als Redner auftreten“: ἀναβαίνω (absolut), oft mit Zusatz:

- ἐπὶ τὸ βῆμα die Rednerbühne besteigen
- εἰς τὸν δῆμον vor dem Volk
- εἰς τὴν ἐκκλησίαν vor der Volksversammlung
- εἰς τὸ δικαστήριον vor Gericht

➤ „und nicht“: καὶ οὐ, wenn der Vordersatz positiv war, οὐδέ, wenn er negiert war [BR 253.37; LF 137 IV].

7.	Γνῶτε	ὡς	πονηρὰ αἰσχρὰ	τὰ ὑφ’ ὑμῶν πεπραγμένα (ἐστὶν)	καὶ
	Γνόντες		πονηραὶ αἰσχραὶ	αἱ ὑμέτεραι πράξεις (εἰσὶν)	—

αἰσχύνεσθε.
αἰσχύνθητε.

➤ „schlecht“: Wortfeld „böse“, „schlecht“ s.o. VIII Satz 11.

XI 5 Deponentien

Bornemann-Risch § 116-120; Zinsmeister-Färber § 128-130

C Lösungen

1. Ὁ ἐπίσκοπος τῆς βιβλιοθήκης ᾐτιάσατό με βιβλίον μιᾶναι. καὶ δικαίως γε αἰτιαθῆναι δοκεῖς.

οὔκ, οὐδαμῶς, οὐ δῆτα, οὐ δικαίως, οὐκ ἀληθῆ λέγεις,	ἀλλὰ μόνον	διὰ (τὴν) κακίαν καὶ
———	μόνον	

δυσκολίαν καὶ δυσμένειαν τοῦ ἐπισκόπου τὴν αἰτίαν ἔχω.

➢ „Nein“: • οὔ(κ), οὐδαμῶς, οὐ δῆτα
- Wiederholung des Bezugswortes mit Verneinung: οὐ δικαίως
- οὐκ ἀληθῆ λέγεις u.ä.
- weglassen

➢ „beschuldigt werden“: die *Deponentia media* (hier αἰτιᾶσθαι) haben im Präsens keine eigene Passivform; das Passiv muß deshalb umschrieben werden (αἰτίαν ἔχω). Das Perfekt (ᾐτίαμαι) dagegen wird sowohl in aktiver wie in passiver Bedeutung gebraucht [BR 118.2; ZF 128.1].

2.

Τοῖς	πολεμίοις ἐχθροῖς ἐναντίοις	ἐναντιοῦσθαι ἐναντιωθῆναι	οὐκ	ἐφοβούμεθα· ἐφοβήθημεν·	ἐμαχεσάμεθα ἠγωνισάμεθα

μὲν οὖν ἀνδρείως, ἀλλ᾽ ἡττήθημεν τῶν ἐχθρῶν.

➢ „Gegner“: • ὁ πολέμιος Feind im Krieg
- ὁ ἐχθρός persönlicher Feind und Kriegsgegner
- ὁ ἐναντίος allgemeine Gegnerschaft

Siehe auch Wortfeld „feindlich“ II Satz 2.

➢ „kämpfen“: Wortfeld s.o. V Satz 1.

3.

Ὃς Ὅστις	ἐκτήσατό ἂν κτήσηταί	τι οὗ	ἐπεθύμει, ἐπεθύμησεν,	(οὗτος) ἡσθήσεται

αὐτῷ μᾶλλον ἢ τούτοις, ἃ πάλαι κέκτηται.

4. Ἴσως ἐκπλαγήσεσθε,

εἰ		κινήσεται.
ὅτε	ὁ πελώριος ἐλέφας	κινηθήσεται.
τοῦ πελωρίου ἐλέφαντος		κινουμένου.
		κινηθέντος.

➢ „wenn“: εἰ kondizional, ὅτε temporal.

5.

Καὶ τότε				
Τότε ἤδη	προὐθυμήθην τοῖς βασιλέως	πρέσβεσιν		διαλέγεσθαι,
Τότε		πρεσβευταῖς		διαλεχθῆναι,

	ἃ ἀμφοτέρους ὠφελήσει.
καὶ ἀεὶ προθυμήσομαι ποιεῖν	ἃ ἂν ἀμφοτέρους ὠφελῇ.
	τὰ ὠφελοῦντα ἀμφοτέρους.

➢ „wollen“:
- βούλομαι eigener Entschluß, Absicht
- ἐθέλω Zustimmung zu fremder Initiative: bereit sein
- προθυμέομαι vom θυμός (Gemüt u.ä.) bestimmtes Wollen: Lust haben, gerne bereit sein, interessiert sein. Der Aorist προὐθυμήθην deutet an, daß die Absicht verwirklicht wurde (effektiv); ein Imperfekt würde das offen lassen.
- ἕτοιμός εἰμι zur Verfügung stehen

➢ „schon“: ἤδη, aber oft weggelassen (s.o. X Satz 5); „damals schon“: τότε ἤδη oder καὶ τότε „auch damals, sowohl damals“.

➢ προὐθυμήθην > προ-ἐθυμήθην: das Zeichen der Krasis ist die Koronis [BR 26.1; ZF 16.4].

➢ „Gesandte“:
- ὁ πρέσβυς,-εως im Singular: der Alte, der Greis; im Plural: die Gesandten
- ὁ πρεσβευτής,-οῦ Sing. und (seltener) Plur.: Botschafter, Gesandter

➢ Erinnerung: „Perserkönig“ bzw. „Großkönig“ (βασιλεύς) ohne Artikel; s.o. VI Satz 2.

6.

Εἴθε			
Εἰ γὰρ	ἀπαλλαχθείης	ταύτης τῆς ἀρχῆς ἢ πόνον	πλε(ί)ονα
——	ἀπαλλαγείης		μᾶλλον

ἢ τιμήν σοι	φέρει.
	παρέχει.

➢ Erinnerung: Zur Einleitung eines erfüllbaren Wunsches im Optativ kann εἴθε oder εἰ γάρ stehen; s.o. XI 1 Satz 12.

7. [Ἐπεί ποτε γυμνικὸν ἀγῶνα ἐθεώμην, / Γυμνικόν ποτε ἀγῶνα θεώμενος] ᾐσθόμην, ὅτι οἱ [θεώμενοι / θεαταὶ] τὸν νοῦν προσεῖχον μᾶλλον τῷ τῆς παρασκευῆς κάλλει ἢ τοῖς [ἀθληταῖς. / ἀγωνιζομένοις.]

- ➢ Erinnerung: Auch wenn das Subjekt im Plural steht, bleibt νοῦς im Singular τὸν νοῦν προσεῖχον; s.o. IV 2 Satz 4.
- ➢ „Wettkämpfer“: • ὁ ἀθλητής Wettkämpfer bei sportlichen Wettspielen
  • ὁ ἀγωνιζόμενος allg. in Schlacht, Sport, Gericht

8. Οἱ Ἀθηναῖοι Περικλέα στρατηγὸν εἵλοντο. ὁ δὲ [, ἐπειδὴ ᾐρέθη, / αἱρεθεὶς] μᾶλλον (τῆς) κατασκευῆς τῆς πόλεως [ἐπεμέλετο / ἐπεμελεῖτο / ἐπεμελήθη] ἢ (τοῦ) πολέμου.

- ➢ Perikles (ca. 490-429 v.Chr.) wurde 15mal nacheinander zum Strategen gewählt; er ließ bedeutende Bauten (Parthenon, Propyläen, Theseion) in Athen errichten.
- ➢ „jemanden zu etwas wählen“: αἱρέομαι mit doppeltem Akkusativ

9. [Ὅς αἰτιᾶται / Ὅστις ἂν αἰτιᾶται / Ὁ αἰτιώμενος] [ἄλλον (τινά), / ἕτερόν (τινα),] [ἴσως / τάχα / κινδυνεύει] ὑπὸ τούτου [πάλιν / αὖθις] [αἰτιαθήσεται. / αἰτιαθῆναι.]

- ➢ „einen anderen“: • ἄλλος bezeichnet einen aus der Vielzahl anderer Menschen
  • ἕτερος betont, daß es sich um zwei Personen handelt (ὁ μὲν ἕτερος … ὁ δ᾽ ἕτερος „der eine … der andere“)
- ➢ „vielleicht“: • ἴσως (Adv.) Betonung der Unsicherheit
  • τάχα (Adv.) Betonung der Möglichkeit
  • κινδυνεύω (+ Inf.) Gefahr laufen; aber auch einfach: man muß damit rechnen, daß …
- ➢ „wieder“: s.o. XI 2 Satz 6; ἀνταιτιᾶσθαι ist nicht gebräuchlich, aber einmal belegt.

XII Athematische Konjugation

Bornemann-Risch § 128-140; Zinsmeister-Färber § 155-169

C Lösungen

<table><tr><td rowspan="3">1. Ὁ στρατηγὸς</td><td>, ἐπεὶ ἐφοβεῖτο</td><td colspan="2">(ἐφ)ορμὴν τῶν πολεμίων,</td><td rowspan="3">φύλακας</td></tr><tr><td rowspan="2">φοβούμενος
φοβηθεὶς</td><td rowspan="2">μὴ οἱ πολέμιοι</td><td>ἐπέλθωσιν,</td></tr><tr><td>ἐπιθῶνται,</td></tr></table>

<table><tr><td>ἐστήσατο περὶ τήν θ' ἑαυτοῦ σκηνὴν καὶ ὅλον τὸ στρατόπεδον.
περιεστήσατο τῇ θ' ἑαυτοῦ σκηνῇ καὶ ὅλῳ τῷ στρατοπέδῳ.</td></tr></table>

- „Angriff":
  - ἡ ὁρμή (An-)Drang, Anstoß, Aufbruch; Trieb
  - ἡ ἐφορμή Ansturm
  - ἡ προσβολή Anprallen
  - oft verbal mit ἐπέρχομαι oder ἐπιτίθεμαι
- „fürchtete": Der Gegenstand der Furcht kann entweder durch ein Akkusativobjekt ausgedrückt werden [BR 116 Anm. 2; LF 32] oder durch μή mit dem Konjunktiv [BR 271; LF 163α].
- (περι)εστήσατο: auch das Aktiv ἔστησεν wäre möglich, aber passender ist ein indirektes Medium „im eigenen Interesse aufstellen".
- Erinnerung: In Komposita behalten περί und πρό vor Augment ihren Endvokal; s.o. III Satz 1.

<table><tr><td>2. Κακοὺς
Πονηροὺς</td><td>ἀνθρώπους ἀλλήλοις</td><td>φίλοις χρῆσθαι
φίλους εἶναι</td><td>οὐχ ἡγούμεθα·
οὔ φαμεν·</td></tr></table>

πῶς γὰρ ἂν ἀχάριστοι καὶ πλεονέκται καὶ ἄπιστοι

<table><tr><td>φίλοι</td><td>εἴησαν;
εἶεν;
εἶναι δύναιντο;</td></tr></table>

- „glauben" im Sinne von „behaupten": λέγω oder φημί; οὔ φημι häufig im Sinne von „bestreiten"
- „befreundet sein mit jd.": φίλῳ χρῶμαί τινι; φίλος εἰμί τινι
- „können" im Sinne von „es ist denkbar, daß ..." wird oft durch den Potentialis (Optativ + ἄν) ausgedrückt. Das Verb δύναμαι ist dann entbehrlich.
- Erinnerung: In der Aufzählung werden alle Glieder mit καί polysyndetisch angereiht; s.o. V Satz 3.
- δύναμαι zieht im Optativ und Konjunktiv den Akzent möglichst weit zurück [BR 132 Anm. 1; ZF 163.2a].

3. Δάφνις καὶ Μενάλκας νομῆς [ἀπήντησαν / ἀπαντήσαντες] ἀλλήλοις ἐν τῷ ὄρει,

[καὶ / ἐπειδὴ] προὐθυμοῦντο [ἐπιδείκνυσθαι / ἐπιδείξασθαι] τὴν μουσικὴν τέχνην·

διελέγοντο [οὖν / —] τάδε·

Δ. Ἆθλα (προ)τιθῶμεν τῷ [ἄριστα / κάλλιστα] [ᾄδοντι· / ᾄσαντι·] ἔγωγε μὲν οὖν δοίην

ἄν σοι μόσχον ἐκ τῆς (ἐμῆς) ἀγέλης [, εἰ νικήσαις. / , εἰ νικήσειας. / νικήσαντι.] σὺ δὲ

(πρό)θες ἀμνόν.

M. Ἀλλ᾽ οὐκ [ἔχω / δύναμαι] ἀμνὸν διδόναι· ὁ γὰρ πατὴρ ἀγανακτεῖ

ἑκάστοτε, [εἰ / ἐὰν] ἓν (μόνον) τῶν προβάτων [ἀπόλλυμι | ἀπώλεσα. μοι ἀπόλλυται | ἀπώλετο. / ἀπολλύω | ἀπολέσω. μοι ἀπολλύηται | ἀπόληται.]

Δ. Τί [οὖν / δὲ] (προ)θήσεις; οὐ γὰρ δίκαιον σὲ ἀντιθεῖναι μηδέν.

M. [Ἐὰν / —] τὴν (ἐμὴν) σύριγγά σοι [ἀφῶ, παραδῶ, / ἀφεὶς παραδοὺς] οὐδὲν κακὸν πείσομαι.

κείσθω [δὴ / τοίνυν] ἡ σύριγξ.

- „Hirte“: • ὁ νομεύς allgemein
  • ὁ βουκόλος Rinderhirt
  • ὁ ποιμήν Hirt von Kleinvieh (πρόβατα)
  • ὁ αἰπόλος Ziegenhirt
- „begegneten sich“: Wortfeld „(an)treffen“ s.o. VIII Satz 7.
- „wollten … gerne“: Wortfeld „wollen“ s.o. XI 5 Satz 5.
- „vorführen“: ἐπιδείκνυμι; Med. ἐπιδείκνυμαι, wenn man sich selbst, d.h. sein Können vorführt.
- „und da“: Die drei Sätze lassen sich zu einer Periode verbinden: Partizip (ἀπαντήσαντες) – Nebensatz (ἐπειδή) – Hauptsatz.
- ᾄσαντι: Der Aorist (komplexiv) ist vorzuziehen, weil es um die Wertung einer Gesamtleistung geht.

- „verliere“: Hier sind drei Alternativen möglich: 1. Aktive oder mediale Konstruktion, 2. εἰ + Ind. oder ἐάν + Konj., 3. Präsens (iterativ) oder Aorist (effektiv). Auch eine Partizipialkonstruktion ist denkbar: ἀγανακτεῖ μοι … ἀπολέσαντι.
- „wenn du …“: σέ orthotoniert, weil es im betonten Gegensatz zum Sprechenden steht.
- „ausgesetzt sein“: Zu τίθημι wird als Passiv Perfekt κεῖμαι gebraucht [BR 139; ZF 165].

4. Νόμοι εἰσὶν

γεγραμμένοι	τε καὶ ἄγραφοι·	καὶ
γραπτοί		ὧν

τοὺς μὲν οἱ ἄνθρωποι ἔθεντο, τοὺς δὲ οἱ θεοὶ τοῖς ἀνθρώποις ἔθεσαν.
οἱ μὲν ὑπὸ τῶν ἀνθρώπων οἱ δὲ ὑπὸ τῶν θεῶν κεῖνται.

- Erinnerung: Hauptsätze dürfen nicht asyndetisch (ohne Verbindung) aufeinanderfolgen; s.o. IV 2 Satz 2. Hier bieten sich zwei Möglichkeiten an: Verbindungspartikel oder relativischer Anschluß.

5.

Θέρους ἀρχομένου	οἱ	αἱρεθέντες	ἄρχοντες	προΐσταντο
Ἅμα τῷ θέρει		ᾑρημένοι		προέστησαν

τῆς πόλεως.

- Aspekte: Das Imperfekt steht, wenn die Verfassungsregel gemeint ist, während der Aorist (situativ) auf einen bestimmten historischen Vorgang verweist.
- Der Jahresanfang liegt in Athen nach der Sommersonnenwende.

6. Σωκράτης ὅτι τὸ δίκαιον μέγιστον ἀγαθὸν ἐνόμιζε,

ἀεὶ ἀπεδείκνυ		(ἐν) ταῖς (ἑαυτοῦ) πράξεσιν.
ἀποδεικνὺς	διετέλει	διὰ τῶν (ἑαυτοῦ) πράξεων.
	διῆγε	

- „Meinung“: Wortfeld s.o. II Satz 9.
- „beständig etwas tun“: Imperfekt [BR 214; LF 116] oder Umschreibung durch διατελέω/διάγω mit Partizip [BR 243.1; LF 152α].

XIII Kasussyntax

XIII 1 Akkusativ 1
Bornemann-Risch § 163-165, Lindemann-Färber § 30-34

C Lösungen

1.

<table><tr><td>Ὅμηρος</td><td>διδάσκει
δοξάζει</td><td>καλὸν εἶναι τοὺς μὲν φίλους</td></tr></table>

<table><tr><td>ὠφελεῖν,
ὀνινάναι,
εὐεργετεῖν,
εὖ ποιεῖν,</td><td>τοὺς δ᾽ ἐχθροὺς</td><td>βλάπτειν.
κακουργεῖν.
κακῶς ποιεῖν.</td><td>Σωκράτης</td></tr></table>

δ᾽ ἔλεγεν ὅτι δεῖ καὶ φίλους καὶ ἐχθροὺς εὖ ποιεῖν·

<table><tr><td>ὃς δ᾽ ἠδικήθη, τοῦτον
ὃς δ᾽ ἂν ἀδικηθῇ, τοῦτον
τὸν δ᾽ ἀδικηθέντα</td><td>οὐ δεῖ τὸν</td><td>ἀδικήσαντα
δράσαντα</td><td>ἀνταδικεῖν.</td></tr></table>

- „lehren“:
  - διδάσκω Lehrer sein, belehren (transitiv)
  - δοξάζω eine Ansicht oder Lehre (δόξα) haben, oft von Philosophen
- „nützen“:
  - ὠφελέω allgemein fördern, helfen, weiterbringen
  - ὀνίνημι förderlich, günstig sein
  - εὐεργετέω Wohltaten erweisen, von Spenden und Leistungen, privat und öffentlich
  - εὖ ποιέω jemandem Gutes tun

  Diese Verben sind transitiv. Dagegen werden βοηθέω (zu Hilfe kommen), λυσιτελέω (nützen) und συμφέρω (zuträglich sein, Vorteil bringen; nicht von Personen) mit dem Dativ verbunden [BR 164.1 Anm.; LF 74].
- „schaden“:
  - βλάπτω allgemein schädigen (Gegensatz zu ὠφελέω)
  - κακῶς ποιέω schlecht behandeln (Gegensatz zu εὖ ποιέω)
  - κακουργέω schädigen (durch Gewalt oder Betrug)
  - ἀδικέω schädigen (rechtswidrig)
- Der deutsche Doppelpunkt wird oft durch ὅτι wiedergegeben; es folgt direkte Rede.
- „man darf nicht“ wird durch die Verneinung von „müssen“ ausgedrückt: οὐ δεῖ (+ Inf.).

2.

<table><tr><td>Ὄμνυ
Ὀμοσόν</td><td>μοι τούτους τοὺς θεούς, οὓς (σὺ)</td><td>σέβῃ.
θεραπεύεις.</td></tr></table>

- „verehren“:
  - σέβομαι religiös
  - θεραπεύω eigentl. „dienen“, Menschen und Göttern

3. Ὀδυσσεὺς οἴκαδε ἐπανῆλθε πολλοὺς κινδύνους (ὑπ)εκφυγών.
Πηνελόπη δ' (ἀν)έμεινεν αὐτόν· πολλοὶ μὲν γὰρ καὶ εὐγενεῖς
νεανίαι γαμεῖν αὐτὴν ἐβούλοντο, αὐτὴ δ' οὐκ ἤθελεν αὐτῶν
γῆμαι προὐθυμοῦντο,
οὐδενὶ γαμεῖσθαι. πολλοὶ οὖν τῶν μνηστήρων ἐν τῷ οἴκῳ
γήμασθαι. τῇ οἰκίᾳ
τὰ ὑπάρχοντα κακῶς ἔλεγον
διατρίβοντες (κατ)ανήλισκον τὰ παρόντα καὶ ἐκακηγόρουν
τὴν οὐσίαν προὐπηλάκιζον
Τηλέμαχον τὸν υἱὸν καὶ ἐβιάζοντο τὴν Πηνελόπην.
ἠνάγκαζον
ὁ δ' Ὀδυσσεὺς ἐτιμωρήσατο αὐτοὺς κατατοξεύων πάντας.
κατατοξεύσας

- „zwar wollten viele …“: Statt der Verbindungspartikel (γάρ) ist eine relativische Anknüpfung (ἣν πολλοὶ μὲν καὶ εὐγενεῖς …) möglich.
- „wollen“: Wortfeld s.o. XI 5 Satz 5.
- πολλοὶ καὶ εὐγενεῖς: Wenn zwei oder mehr Adjektive in gleicher Beziehung zu ihrem Substantiv stehen (d.h. beigeordnet sind) werden sie mit καί oder τε καί verbunden; die Verbindung unterbleibt, wenn eines der Adjektive mit dem Substantiv einen Gesamtbegriff bildet: z. B. ἀγαθὸς οἶνος ἐρυθρός ein guter Rotwein.
- οὐκ … οὐδενί: Eine Verneinung wird durch weitere verstärkt, wenn die zuletztstehende mehr als eine Silbe hat [BR 252; LF 137 V]; andernfalls wird die Verneinung aufgehoben. Ein deutsches Indefinitpronomen („einen“) im negierten Satz ist nicht indefinit zu übersetzen (τινι), sondern negiert (οὐδενί).
- „Haus“: Wortfeld s.o. II Satz 6.
- „Vorrat“: • τὰ ὑπάρχοντα das Vorhandene
  • τὰ παρόντα das Verfügbare
  • ἡ οὐσία Habe, Besitz, Vermögen
- „zwingen“: • βιάζομαι mit Gewalt
  • ἀναγκάζω nötigen, auch geistig (mit „zwingenden“ Argumenten)

τὰ γενόμενα.
τὰ γεγενημένα.
4. Οὐδέν σ' ὠφελεῖ (τὸ) δακρύειν τὰ γεγονότα.
σοι συμφέρει κλάειν περὶ τῶν γενομένων κ.τ.λ.

- „weinen“: • δακρύω Tränen vergießen (auch vor Freude)
  • κλάω, κλαίω wehklagen (vor Schmerzen)
- Bei unpersönlichen Ausdrücken kann als Subjekt entweder der bloße Infinitiv [BR 234; LF 148b] oder auch der substantivierte Infinitiv (mit Artikel τό) stehen.

5. [Ἐν τῇ Παμφυλίᾳ / Τὴν Παμφυλίαν] πολλὰ [φῦλα / ἔθνη] [(ἐν)οικεῖ / (κατ)οικεῖ] καὶ Ἑλληνικὰ καὶ βάρβαρα, [ὅθεν / ἀφ᾽ οὗ] καὶ [τὸ ὄνομα / τοὔνομα] ἔχει. ταῦτα (δὲ) πάντα πάλαι [(ἐν)ῴκισε / (κατ)ῴκισε] τὴν χώραν. οἱ δ᾽ (ἐν)οικοῦντες τὴν Ἀττικὴν μέγα ἐφρόνουν, ὅτι πάντες τοῦ αὐτοῦ γένους ἦσαν.

- „In Pamphylien“ kann entweder als direktes Objekt oder als Ortsbestimmung (s.o. II Satz 4) zu (ἐν-, κατ-)οικέω, κατοικίζω (bewohnen) ausgedrückt werden.
- „Stamm“:
  - τὸ φῦλον natürliche Bevölkerungsgruppe
  - τὸ ἔθνος Volk als ethnisch-politische Einheit, meist von außergriechischen Völkern; von griechischen Staaten nur, soweit sie nicht als πόλεις organisiert sind (ἔθνος τῶν Αἰτωλῶν Thukydides 3, 94, 4).
  - τὸ γένος auf die Abstammung bezogen: Sippe, Clan
- „Sie alle“: nicht einfach πάντα; eine Verbindung mit dem vorigen Satz ist nötig (s.o. IV 2 Satz 2): durch das zurückweisende Demonstrativum ταῦτα oder durch δέ (πάντα δὲ ...) oder beides.
- „von Attika“: nicht mit Genetiv übersetzen, da beim substantivierten Partizip (oder Infinitiv) die verbale Konstruktion (hier das Akkusativobjekt) erhalten bleibt.

6. Δημήτριος ἔφευγε τὸν (ἑαυτοῦ) ἀδελφὸν βασιλεύσαντα, ἀλλ᾽ οὐκ [ἔφυγε / ἐξέφυγε / ἀπέφυγε] τοὺς φονέας τοὺς διώκοντας (ἑ)αυτόν.

- „fliehen“: φεύγω und seine Komposita sind transitive Verben; d.h. sie haben ein direktes Objekt
- ἔφευγε/ἔφυγε: Das Imperfekt steht für den Vorgang ohne Rücksicht auf den Abschluß (daher konativ: er versuchte zu fliehen), der Aorist ist effektiv (es gelang ihm zu fliehen); zur Bedeutung „verbannt sein“ s.o. IX Satz 4.

7. [Ἔνιοι / Εἰσὶν οἳ] παραβαίνοντες τοὺς νόμους λανθάνουσιν [πάντας. / ἅπαντας.]

- „manche“:
  - ἔνιοι,-αι,-α häufig mit *Genetivus partitivus*.
  - ἔστιν/εἰσὶν οἵ kann dekliniert werden (ἔστιν/εἰσὶν ὧν usw.) [BR 157 Anm. 2; LF 172α].
- Nach λανθάνω (verborgen sein/tun), τυγχάνω (gerade/zufällig sein/tun), διάγω (fortwährend sein/tun), φθάνω (früher sein/tun) und δῆλός εἰμι/φανερός εἰμι (offenbar sein/tun) steht das prädikative Partizip [BR 243.1; LF 152β].

XIII 2 Akkusativ 2

Bornemann-Risch § 166-173; Zinsmeister-Färber § 35-45

C Lösungen

<table>
<tr><td rowspan="4">1. Κλέων</td><td rowspan="4">ἦλθεν
ἧκεν
παρῆν
ἀφίκετο</td><td colspan="2">ἱππεύων</td><td rowspan="4">πρὸς τὴν ἡμετέραν οἰκίαν.</td></tr>
<tr><td rowspan="3">ἐλαύνων</td><td rowspan="3">(ἐφ' ἵππου)
(ἵππῳ)</td></tr>
<tr></tr>
<tr></tr>
</table>

- „kommen“: Wortfeld s.o. XI 4 Satz 5.
- „reiten“: • ἐλαύνω trans.: treiben; intr.: marschieren, reiten (die Zusätze ἐφ' ἵππου oder ἵππῳ sind nicht nötig)
  • ἱππεύω eigentl.: Reiter sein

2. Ὁ στρατηγὸς ἐξελαύνων ἀφίκετο εἰς τόπον, οὗ ὁ ποταμὸς

<table>
<tr><td>εἰσέβαλλεν
ἐνέβαλλεν</td><td>εἰς κόλπον (τῆς θαλάττης), καὶ</td><td>ἀνάκγη ἦν
ἀναγκαῖον ἦν
ἔδει | (ἐ)χρῆν</td></tr>
</table>

ἐνταῦθα διαβαίνειν αὐτόν.

- εἰς τόπον: Zum Akkusativ bei „kommen, ankommen“ s.o. XI 4 Satz 5.
- „Weiterziehen“: ἐξελαύνω ist eine stereotype Wendung in Xenophons Marschbericht (*Anabasis*, Buch 1).

<table>
<tr><td>3. Κλέων νόσον ἀνίατον</td><td>ἐνόσει.
ἔκαμνεν.</td><td>ὅμως δὲ (τὰ) Ὀλύμπια τεθρίππῳ</td></tr>
</table>

ἐνίκησεν.

- „leiden“: • νοσέω krank sein
  • κάμνω entkräftet sein; auch: krank sein
- τὰ Ὀλύμπια: Wettkämpfe werden mit einem Adjektiv im Neutrum Plural bezeichnet; zu ergänzen ist ἆθλα (Πύθια, Νέμεια, Παναθήναια usw.); vgl. Wortfeld „Olympia“ S. 153.
- τεθρίππῳ: τὸ τέθριππον (erg. ζεῦγος) hier ohne Artikel, weil es als Abstraktum verstanden wird: im Viergespannrennen. τῷ τεθρίππῳ würde bedeuten: mit seinem Viergespann.

4. Ἡρακλῆς	πολλὰς καὶ μεγάλας πράξεις πολλὰ καὶ μεγάλα ἔργα	ἔπραττεν· εἰργάζετο· ἀπεδείκνυ·	ὅμως δὲ	οὔποτε	ἐν τῷ βίῳ κατὰ τὸν βίον	τελέως ἀληθῶς ὄντως παντελῶς	εὖ ἔπραξεν.	

- πολλὰς καὶ μεγάλας: s.o. XIII 1 Satz 3: πολλοὶ καὶ εὐγενεῖς.
- „die Tat“: • ἡ πρᾶξις Verrichtung, Handlung. Unterschied zu τὸ πρᾶγμα: πρᾶξις das Tun, πρᾶγμα das Getane, das zu Tuende; Angelegenheit, Geschäft; vgl. o. IV 3 Satz 2
  • τὸ ἔργον Arbeit, Anstrengung, Aufgabe
- Zu den Tempora: Im ersten Satz stehen die Einzelhandlungen im Vordergrund (Imperfekt: linear, iterativ), im zweiten wird eine Summe gezogen (Aorist: komplexiv) s.o. II Satz 2.
- „im Leben“: • ἐν τῷ βίῳ das Leben als Zeitspanne
  • κατὰ τὸν βίον das Leben im Verlauf

5. Ἐπεὶ Ὀδυσσεὺς	τὰς συμφορὰς τὰς τὰ πάθη τὰ	τῶν Ἑλληνικῶν ἡρώων
	τὰ συμβάντα τοῖς Ἑλληνικοῖς ἥρωσιν	

ἐδάκρυσεν, ἔκλαυσεν,	Ἀλκίνοος ὁ βασιλεὺς	ἠρώτησεν ἤρετο	αὐτὸν τό τε ὄνομα καὶ

τὴν πατρίδα. – Ὀδυσσεὺς τό τε ὄνομα καὶ τὴν πατρίδα ἠρωτήθη.

- „Schicksal“: • ἡ συμφορά Ereignis, das einem zustößt, meist unglücklich
  • τὸ πάθος das, was einem geschieht, dem man passiv ausgesetzt ist (Gegensatz ποιεῖν – πάσχειν). Es kann auch innerlich wirken (daher auch: Erlebnis, Gefühl; Leidenschaft als Terminus der Psychologie). Grundsätzlich können glückliche oder unglückliche Ereignisse gemeint sein, aber Unglückliches wiegt vor. (Das Verb πάσχω behält jedoch immer seine Ambivalenz, „leiden“ muß daher heißen κακὰ πάσχειν.)
  • τὰ συμβάντα was zustößt, begegnet (auch zufällig); von: συμβαίνει es ereignet sich (+ AcI), es stößt zu (+ Dat.)
  • ἡ εἱμαρμένη oder ἡ πεπρωμένη Schicksal als unausweichliches Verhängnis

6.	Εἴ	τις	δεινὴν ἀδικίαν	ἀδικεῖ	τὴν πόλιν,
	Ἐάν		δεινὰ	ἀδικῇ	τὸ κοινόν,

πᾶς πολίτης κατηγορείτω αὐτοῦ. τοῦτο	κελεύει ἡμᾶς
	προστάττει ἡμῖν

	πράττῃ.
ὁ νόμος, (ἵνα) μὴ ἕκαστος τὰ ἑαυτοῦ μόνον	σπεύδῃ.
	σπουδάζῃ.

- „Gemeinwesen“: • ἡ πόλις der Stadtstaat
  • τὸ κοινόν allgemein jeder feste Zusammenschluß
- „befehlen“: Wortfeld s.o. XI 3 Satz 1. Bei κελεύω steht der Inhalt des Befehls nie als Akkusativobjekt, abgesehen vom Neutrum eines Adjektivs oder Pronomens (hier: τοῦτο) [LF 44d Anm. 2]. Also: „Der Feldherr befiehlt den Angriff“ ὁ στρατηγὸς κελεύει ἐφορμᾶν (nicht ἐφορμήν!).
- „betreiben“: • πράττω allgemein: tun
  • σπεύδω hinarbeiten auf, erstreben
  • σπουδάζω etwas mit persönlichem Einsatz (σπουδή) betreiben
- Rechtsgeschichte: Im allgemeinen kann nur ein Betroffener einen Prozeß (δίκη) anstrengen. Aber bei bestimmten Sachverhalten von öffentlichem Interesse ist jeder Bürger zur Klage berechtigt (sog. γραφή „Popularklage“).

7. Χαίρω, ὅτι	τὰ μαθήματά	με διδάσκειν ἐθέλεις· τὰ μὲν γὰρ
	τὴν μαθηματικήν	

	καλῶς					
	εὖ				παντάπασιν	
ἄλλα	ἱκανῶς	πεπαίδευμαι,	ταῦτα	δὲ	παντελῶς	ἰδιώτης εἰμί.
	μετρίως		ταύτην		πάντως	

- Χαίρω, ὅτι: Auf Verben der Gemütsbewegung wie ἥδομαι, ἄχθομαι, αἰσχύνομαι und χαίρω folgt entweder ein begründender Nebensatz mit ὅτι oder εἰ; auch eine Partizipialkonstruktion ist möglich [BR 243.2; LF 152γ], vgl. u. XIII 4 Satz 6.
- „du willst“: ἐθέλεις (du bist bereit), wenn der Sprecher das gewünscht hat. βούλῃ würde bedeuten, daß die Initiative vom Angeredeten kommt; Wortfeld „wollen“ s.o. XI 5 Satz 5.
- „hierin“: Bei ἰδιώτης wird der Bereich mit dem Akkusativ angegeben [BR 172.3; LF 41]. ταῦτα bezieht sich auf μαθήματα, ταύτην auf μαθηματικήν. Auch ein Neutrum Singular (τοῦτο) ist möglich, ohne bestimmten Bezug. Dies ist dann ein rein adverbialer Akkusativ [BR 174; LF 40b].

8. Κλεινίας	εὐγενὴς γενναῖος δόκιμος λαμπρὸς	μὲν ἦν	— (τὸ) γένος,	τὸ δ' ἦθος

πάντων τῶν προγόνων	διέφερεν. ὑπερεῖχεν. περιῆν.
πάντας τοὺς προγόνους ὑπερέβαλλεν.	

- „vornehm“: • εὐγενής von edler Abstammung
  - γενναῖος wie εὐγενής, aber auch vom Wesen: selbstbewußt, beherzt, „von echtem Schrot und Korn“
  - δόκιμος erprobt, bewährt, von hohem Rang
  - λαμπρός leuchtend, glänzend, angesehen
- (τὸ) γένος: Beim *Accusativus respectus* fehlt der Artikel häufig bei γένος, ὄνομα, μέγεθος usw. [BR 149.4; LF 21c].
- „übertreffen“: • διαφέρω (+ Gen.) sich unterscheiden (vor allem positiv)
  - ὑπερέχω (+ Gen.) überragen, den Vorrang haben
  - περίειμι (+ Gen.) überlegen sein, die Oberhand haben
  - ὑπερβάλλω (+ Akk.) übertreffen, überbieten, überholen; absolut: überdurchschnittlich, außergewöhnlich sein
  - νικάω (+ Akk.) siegen (im Vergleich mit Wettbewerbern)

9. Ἐργαζόμεθα μὲν Πονοῦμεν μὲν Περὶ μὲν τὰ πράγματα διατρίβομεν	ὀκτὼ ὥρας τῆς ἡμέρας,

καθεύδομεν δὲ τὸν	ἴσον αὐτὸν	χρόνον,	τὰ ἄλλα τἆλλα	δὲ	σχολάζομεν. σχολὴν ἄγομεν.

- „arbeiten“: Wortfeld s.o. IX Satz 5; eine nach Stunden geregelte Arbeitszeit ist natürlich unantik.
- „am Tag“: Im Sinne von „pro Tag, täglich“ steht der *Genetivus temporis* mit Artikel [BR 149.1; LF 58 A 1].
- „gleich“: • ἴσος quantitativ gleich
  - ὅμοιος qualitativ gleich
  - ὁ αὐτός Identität: derselbe

10. Χωλός εἰμι τὸν ἕτερον πόδα, ἀλγῶ δὲ τὴν γαστέρα,
Χωλεύω

ἀμβλὺς δ' εἰμὶ τοὺς ὀφθαλμούς, καὶ (συνελόντι εἰπεῖν) ὅλον τὸ
ἀμβλυώττω δὲ τὼ ὀφθαλμώ,

σῶμα διέφθαρμαι.

- „einem“ (von zweien): Sind beide Teile genannt, steht ὁ μέν … ὁ δέ oder ὁ ἕτερος … ὁ ἕτερος. Ist wie hier nur von einem einzigen Teil die Rede, steht ἕτερος.
- „kurz“: Wortfeld „kurzum“ s.o. V Satz 4.

11. Πάντες τὸν πατέρα (ἀπ)έκρυπτον τοῦ υἱοῦ τὸν θάνατον.
(ἀπ)έκρυψαν

ὁ πατὴρ ἐκρύπτετο τοῦ υἱοῦ τὸν θάνατον.
ἐκρύφθη

XIII 3 Genetiv 1

Bornemann-Risch § 176-180; Lindemann-Färber § 47-56. 65-70

C Lösungen

1. (Τοῦ) στρατιώτου ἐστὶ δόξης καὶ κέρδους μᾶλλον / πλέον φροντίζειν ἢ κινδύνου.

➤ „an etwas denken“:
- φροντίζω (+ Gen.) sich Sorgen (φροντίς) machen, bedenken
- (ἀνα)μιμνήσκομαι (+ Gen.) sich erinnern, sich ins Gedächtnis rufen (Vorgang); dagegen:
- μέμνημαι (+ Gen.) sich erinnern, im Gedächtnis haben (Zustand)

2. (Ὁ) λόγος πάντων (τῶν) ἀνθρώπων / πᾶσι (τοῖς) ἀνθρώποις κοινός ἐστιν.
(Τοῦ) λόγου πάντες (οἱ) ἄνθρωποι κοινωνοῦσιν.

➤ „Sprache“:
- ὁ λόγος sinnvolles Sprechen und Denken (daher ἄλογα ζῷα „Lebewesen ohne Sprache und Denken“ = Tiere, lat. *muta animalia*)
- ἡ φωνή Stimme, Lautäußerung (von Menschen und Tieren)
- ἡ γλῶττα, ἡ φωνή, ἡ διάλεκτος eine bestimmte Sprache: Ἑλληνική / Ἑλληνίς; Ἀττική / Ἀτθίς; Ῥωμαϊκή

➤ πάντων/πᾶσι: Im Genetiv und Dativ Plural ist πᾶς stammbetont [BR 41.6b; ZF 72]; Merkspruch: „Aller Troer-Knaben Ohr“ πάντων Τρώων παίδων ὤτων.

➤ Der Genetiv der Zugehörigkeit steht bei den Adjektiven ἴδιος, οἰκεῖος, ἐπιχώριος, ἀλλότριος, κοινός, ἱερός und μέσος. Neben dem Genetiv ist auch der Dativ der Gemeinschaft [LF 75] möglich bei κοινός, οἰκεῖος und ἀλλότριος.

3. Στρατιώτης ἀπειθῶν / ἀπειθήσας τοῖς ἄρχουσιν / ἡγεμόσιν / ἡγουμένοις ἄξιός ἐστι πληγῶν.

➤ „Vorgesetzter“:
- ὁ ἄρχων allg. Amtsinhaber, zivil oder militärisch
- ὁ ἡγεμών Oberbefehlshaber, meist militärisch
- ὁ ἡγούμενος Befehlshaber in einer jeweiligen Situation
- ὁ ἐπιστάτης Aufseher, zivil
- ὁ προστάτης Vorsitzender

4. Κατ᾽ Ἀριστοτέλη(ν) ἡ ἀρετὴ	μέση	ἐστὶ	δυοῖν	κακιῶν.
	ἐν μέσῳ		(δύο)	

- ➢ ἀρετή, κακία: Diese in der griechischen Ethik zentralen Begriffe werden mit der traditionellen Übersetzung „Tugend“, „Laster“ schlecht erfaßt. Es sind allgemein gute und schlechte Charaktereigenschaften.
- ➢ „in der Mitte“ kann durch das prädikative Adjektiv μέσος oder durch eine präpositionale Ortsangabe ἐν μέσῳ wiedergegeben werden; vgl. XI 1 Satz 10 „Hälfte“.

5. (Τὸν)	ἔμπορον	δεῖ πλείονος πωλεῖν ἢ ὠνεῖσθαι· εἰ δὲ μή, ζῆν
	κάπηλον	

οὐ δύναται | οὐ δυνήσεται.
οὐκ ἔχει | οὐχ ἕξει.
οὐκ ἔστιν αὐτῷ | οὐκ ἔσται αὐτῷ.
οὐχ οἷός τ᾽ ἐστίν | ἔσται.

- ➢ „Kaufmann“: • ὁ ἔμπορος Großhändler (Import und Export)
  - • ὁ κάπηλος Kleinhändler, Krämer
- ➢ „können“: • δύναμαι Kraft, Fähigkeit (δύναμις) haben
  - • ἔχω Möglichkeit haben
  - • ἔστιν μοι es ist erlaubt, möglich
  - • οἷός τ᾽ εἰμί fähig, geeignet, im Stande sein; zur Akzentuierung s.o. I Satz 8.

6. Ἡ Ἑλλὰς πένης μὲν μετάλλων (ἐστίν)· ἄργυρος δ᾽ εὑρίσκεται ἐν Λαυρείῳ τῆς Ἀττικῆς.

- ➢ Erinnerung: Bei Flüssen und Städten steht die Landschaft, zu der sie gehören, im Genetiv; s.o. V Satz 7.

7. Ἀκούσατέ μου πρὶν	ἀδικίας	μ᾽ αἰτιάσασθαι.
	ἀδικήματός	

- ➢ „bevor“: Nach positivem Hauptsatz steht πρίν mit dem Infinitiv (meist Aorist), um eine noch nicht vollzogene Handlung auszudrücken [BR 286.3b; LF 164δ].
- ➢ „Verbrechen“: • ἡ ἀδικία, τὸ ἀδίκημα Rechtswidrigkeit; betont ist die Schädigung eines anderen
  - • ἡ κακουργία, τὸ κακούργημα Übeltat; betont ist die Bösartigkeit
  - • ἡ παρανομία, τὸ παρανόμημα Verstoß gegen das Gesetz

<table>
<tr><td>8. Ἐπεὶ εἰς Κόρινθον</td><td>ἧκον,
ἀφικόμην,
ἦλθον,</td><td>οὐκ ᾔδη,
ἠγνόουν,</td><td>ποῖ τῆς πόλεως</td><td>τρέπωμαι.
τρεποίμην.
τράπωμαι.
τραποίμην.</td></tr>
</table>

ξένος μὲν γὰρ οὐκ ἦν μοι ἐκεῖ, ἀλλὰ Ξανθίας τις γνώριμός μοι

<table>
<tr><td>ἦν. ἦλθον οὖν εἰς Ξανθίου καὶ</td><td>ἔτυχον αὐτοῦ
συνέτυχον αὐτῷ
κατέλαβον αὐτὸν</td><td>οἴκοι.</td></tr>
</table>

<table>
<tr><td>(Ἐξ)εδέξατο δέ με φιλοφρόνως καὶ ἔδωκέ μοι πάντα ὧν</td><td>ἐδεόμην.
μοι ἔδει.
χρείαν εἶχον.</td></tr>
</table>

- τρέπωμαι/τράπωμαι: deliberativer Konjunktiv [BR 227.2b; LF 130.3], dafür ist obliquer Optativ möglich, wenn der übergeordnete Satz in einem Nebentempus steht [BR 230.3; LF 133.3β].
- „kein“ als Attribut ist meist durch einfache Negation zu übersetzen (s.o. IV 1 Satz 7): Bei starker Betonung wäre möglich ξένος ἦν μοι οὐδείς (kein einziger), noch stärker: ξένος οὐκ ἦν μοι οὐδείς (überhaupt keiner). Zur doppelten Verneinung s.o. XIII 1 Satz 3.
- „antreffen“: Wortfeld s.o. VIII Satz 7.
- „brauchen“:
  - δέομαί τινος etwas subjektiv entbehren
  - δεῖ μοί τινος etwas objektiv benötigen, brauchen
  - χρείαν ἔχω τινός Bedarf haben an etwas

<table>
<tr><td>9. Οὐδεὶς</td><td>ἀμελῶν
ἀμελὴς (ὢν)
ὀλιγωρῶν</td><td>τῶν ἑαυτοῦ ἔργων</td><td>ἐπιστήμων
ἔμπειρος<hr>χρηστὸς
ἱκανὸς
δεινὸς</td><td>γενήσεται
ἔσται</td></tr>
</table>

<table>
<tr><td>τῆς ἑαυτοῦ τέχνης.</td></tr>
<tr><td>τὴν ἑαυτοῦ τέχνην.</td></tr>
</table>

- „tüchtig“:
  - ἐπιστήμων sachverständig
  - ἔμπειρος erfahren, kundig
  - χρηστός brauchbar, tüchtig
  - ἱκανός hinreichend, genügend; tüchtig
  - δεινός furchtbar, gewaltig; abgeschwächt: hervorragend leistungsfähig

10. Αὕτη ἡ δίκη / Οὗτος ὁ ἀγὼν πάνυ ἄτοπος ἦν. / ἐγένετο. Κλεῖτος (μὲν) γὰρ ᾐτιάσατο / κατηγόρησε τὸν ἀδελφὸν κλοπῆς, / τοῦ ἀδελφοῦ κλοπήν, οὗτος δὲ πρὸς τούτῳ ἑάλω φόνου· ἐπεὶ δὲ πολλοὶ τῶν δικαστῶν φίλοι ἦσαν αὐτῷ, ἀπελύθη καὶ φόνου καὶ κλοπῆς, ἀλλὰ τραυμάτων μόνον ὦφλε ἐν πληγαῖς / διὰ πληγῶν γενομένων.

- „Prozeß" (allgemein): ἡ δίκη, ἡ κρίσις, ὁ ἀγών
  (speziell):
  - ἡ δίκη Privatprozeß (Kläger ist ein Betroffener)
  - ἡ γραφή öffentlicher Prozeß (Kläger kann jeder Bürger sein)
  - ἡ εἰσαγγελία eine Form des politischen Prozesses
  - ἡ μήνυσις der Prozeß wird auf eine Anzeige (μηνύω) hin von der Behörde eingeleitet

  Zum sog. privaten und öffentlichen Prozeß vgl. auch XIII 2 Satz 6.
- „war":
  - ἦν war
  - ἐγένετο spielte sich ab
- „überführen": αἱρέω τινά; passiv: „überführt werden" ἁλίσκομαι (Metapher des Fangens).
- δικαστής: der Recht spricht, sowohl als Amtsträger (Richter) wie als Laie (Geschworener). In Athen gab es jedoch keine beamteten Richter.
- „verurteilen":
  - καταγιγνώσκω + Gen. der Person, Akk. der Strafe (τινος θάνατον). Ein Passiv mit der Person als Subjekt ist deshalb ungebräuchlich; dafür:
  - ὀφλισκάνω (ὀφλήσω, ὦφλον, ὤφληκα) verurteilt werden

XIII 4 Genetiv 2
Bornemann-Risch § 181-185; Lindemann-Färber § 57-64

C Lösungen

1. Τὸν μέλλοντα ἄλλων ἄρξειν πρῶτον πάντων δεῖ ἑαυτοῦ

   κρατεῖν.
   ἐγκρατῆ εἶναι.

   - „soll“: Wenn damit eine künftige (zu erwartende) Tätigkeit gemeint ist, keine Verpflichtung, wird das durch μέλλω (+ Inf. Fut.) ausgedrückt [BR 216 Anm. 1b: „es steht zu erwarten, daß (ich) …“; LF 146 Anm. b].

2. Ἐπυθόμεθα τῶν ναυτῶν, ὅτι πόρρωθεν ἑώρων / εἶδον τὴν Αἴτνην πῦρ ἀναπέμπουσαν ἐκ τοῦ κρατῆρος· ἤκουον / ἤκουσαν δὲ τοῦ ὄρους τὴν βροντὴν καὶ ὠσφραίνοντο / ὤσφροντο τοῦ θείου.

   - Zum Aspekt s.o. II Satz 2.
   - Die Verben der sinnlichen und geistigen Wahrnehmung haben als Objekt einen Genetiv der Person (oder des Ursprungs, hier: Vulkan, Schwefel) und einen Akkusativ der Sache (d.h. des Wahrnehmungsinhaltes, hier: Donner) [BR 178f; LF 54.1]. Nur ὁράω, βλέπω, θεάομαι haben kein Genetivobjekt [LF 54 Anm. 2]. – Ergänzungssätze zu diesen Verben werden mit ὅτι oder als Partizipien (meist AcP) konstruiert, s.o. XI 4 Satz 2.
   - „Krater“: Der genaue Ausdruck ist κρατὴρ πυρός (Mischkrug des Feuers), manchmal verkürzt zu κρατήρ.

3. Πάντες ἐθαυμάζομέν σε τῆς πραότητος (τῆς) κατὰ / περὶ τὴν ἔριν.

   - Bei besonderer Betonung von „wir“ kann auch ἡμεῖς πάντες stehen. Ein *Genetivus partitivus* (engl. *all of us*) ist aber nicht möglich, weil πάντες nicht ein Teil von ἡμεῖς ist (anders als πολλοὶ ἡμῶν) [BR 177 Anm. 2].
   - κατά (+ Akk.): im Verlauf des Streites
     περί (+ Akk.): was den Streit betrifft. Zu unterscheiden von περί (+ Gen.) „über“

4. [Τίς / Πότερος] ὑμῶν ἦρξεν τῆς ἔριδος;

➢ „wer von euch“: • τίς ὑμῶν geht von einer unbestimmten Anzahl der Angeredeten aus
• πότερος (wer von beiden?) von zwei.

➢ „anfangen“: • ἄρχω wenn ein anderer fortsetzt
• ἄρχομαι wenn das Subjekt selbst fortfährt

5. Παύσω ὑμᾶς [τοῦ θορύβου. / θορυβοῦντας.]

➢ „aufhören, beenden“: • παύω τινά τινος: machen, daß jd. mit etwas aufhört
• παύω (+ AcP): machen, daß jd. aufhört, etwas zu tun
• παύομαι (+ Gen.): aufhören mit etwas
• παύομαι (+ Part.): aufhören, etwas zu tun

6. Σοφοκλῆς πολλῶν μὲν παίδων λέγεται ἐρασθῆναι·

[γηράσας δέ· / γέρων δὲ γεγονώς·] χαίρω, φάναι, [ὅτι / —] Ἔρωτος τοῦ [σκληροῦ / χαλεποῦ / δεινοῦ] [δεσπότου / κυρίου] [ἀπήλλαγμαι. / ἀπηλλαγμένος.]

➢ φάναι: Wörtliche Rede wird meist durch eingeschobenes ἔφη bezeichnet (wie lat. *inquit*); hier in der abhängigen Rede („soll er gesagt haben“) steht der Infinitiv φάναι.

➢ „ich freue mich, daß …“: zur Konstruktion s.o. XIII 2 Satz 7.

➢ „hart“: • σκληρός konkr.: trocken, verdorrt, hart; übertr.: streng, unerbittlich
• χαλεπός schwierig, heftig, lästig
• δεινός furchtbar, gewaltig, schrecklich

➢ „Herr“: • δεσπότης v.a. über Sklaven und Diener, mit Betonung der Zwangsgewalt
• κύριος Gebieter, mit Betonung der Legitimität, auch der rechtlichen Zuständigkeit (z.B. als Vormund)

7. Αἱ ἐν Ἅιδου ψυχαὶ ἡλίου ἐστέρηνται καὶ οὔτε ἡδονῆς οὔτε λύπης αἰσθάνονται.

- Erinnerung: Modalverben (müssen, können u.ä.) können oft entfallen, wenn es nur auf das Faktum (hier: entbehren) ankommt.
- „Sonnenlicht“: statt ἡλίου φῶς gewöhnlich kurz ἥλιος.

8.
<table><tr><td>Τὰ</td><td>ἄρτι
νεωστὶ</td><td>γενόμενα
συμβάντα
πραχθέντα</td><td>ὑπο-
ἀνα-</td><td>μιμνήσκει με</td><td>παλαιοῦ λόγου
παλαιὸν λόγον</td></tr></table>
<table><tr><td>ὃν (παρὰ) τοῦ πάππου ἤκουσα· πολλάκις δ’</td><td>αὐτὸν (ἀν)ηρώτων
αὐτοῦ ἐπυνθανόμην</td></tr></table>
<table><tr><td>τὰ καθ’ ἕκαστον,</td><td>τέλος
τελευτῶν</td><td>δὲ</td><td>πάντα τὸν λόγον
πᾶσαν τὴν διήγησιν</td></tr></table>
<table><tr><td>ἀν-
συν-</td><td>έγραψα.</td></tr></table>

- „Ereignisse“:
  - τὰ γενόμενα allgemein, was sich abgespielt hat
  - τὰ συμβάντα was zustößt, begegnet, auch zufällig; vgl. Wortfeld „Schicksal“ s.o. XIII 2 Satz 5.
  - τὰ πραχθέντα vom aktiv Handelnden bestimmte Ereignisse
- λόγου/λόγον: Verben des Erinnerns können außer mit Genetiv auch mit Akkusativ konstruiert werden, wobei der Genetiv (part.) mehr den Anklang einer Erinnerung bedeutet, der Akkusativ eher den gesamten erinnerten Gegenstand.
- Aspekte:
  - ἤκουσα Geschehen (Faktum) in der Vergangenheit: komplexiver Aorist
  - ἀνηρώτων über längere Zeit wiederholter Vorgang: iteratives Imperfekt
  - ἀνέγραψα punktuelles Geschehen: effektiver Aorist

9.
<table><tr><td>Ὃς
Εἴ τις</td><td>μὴ Ἕλλην</td><td>ἦν
εἴη</td><td>τὸ γένος,</td><td>τῶν Ὀλυμπίων
τοῦ Ὀλυμπικοῦ ἀγῶνος</td><td>εἴργετο.</td></tr></table>

- Da der Relativsatz kondizionalen Sinn hat, ist die Verneinung μή [BR 290.4; LF 172 β6].
- Erinnerung: „Griechischer Abstammung“ = „Grieche in Bezug auf die Abstammung“ (*Accusativus respectus*).
- εἴη: Wenn ein Kondizional-, Relativ- oder Temporalsatz iterativen Sinn hat, kann er im Konjunktiv mit ἄν stehen, nach einem Nebentempus jedoch im Optativ ohne ἄν (Iterativ der Vergangenheit [BR 230.4-5; LF 134]).

10. Μετὰ τὸ δεῖπνον / Δειπνήσαντες ἐγευόμεθα βοτρύων (τε) (καὶ) σύκων (καὶ) καρύων (καὶ) μήλων· πλακοῦντας μόνους οὐκ ἐλάβομεν· / πλακούντων μόνων οὐ μετελάβομεν·

οἱ / τὰ γὰρ παῖδες / τέκνα / παιδία ἔφθησαν / ἔφθασαν / ἔφθη / ἔφθασεν ἡμᾶς φαγόντες / φαγόντα (αὐτούς).

- „Mahlzeit": • τὸ δεῖπνον Hauptmahlzeit, meist gegen Abend eingenommen
  • τὸ ἄριστον Mittagsimbiß (*lunch*), bei Homer dagegen „Frühstück" (Beachte das lange α im Unterschied zu τὸ ἄριστον „das Beste"!)
  • τὸ ἀκράτισμα Frühstück
  • τὸ συμπόσιον Gastmahl mit Trinkgelage
- „Kind": • ὁ/ἡ παῖς Knabe, Mädchen; Sohn, Tochter
  • τὸ τέκνον (kleines) Kind
  • τὸ παιδίον Kleinkind
- Bei φθάνω (+ Akk.) in der Bedeutung „vorher etwas tun, zuvorkommen" steht das prädikative Partizip [BR 243.1, LF 152β].
- Aspekte: δειπνήσαντες (effektiver Aorist) bezeichnet den Abschluß der Mahlzeit; ἐγευόμεθα (Imperfekt) malt das Genießen des Nachtisches aus, οὐκ ἐλάβομεν (Aorist) ist ein Einzelpunkt dabei. Möglich wäre auch οὐκ ἐλαμβάνομεν (Imperfekt): man wartete dauernd darauf, aber es kam nichts; ἔφθασαν φαγόντες ist eine vollendete Tatsache: effektiver Aorist.
- Aufzählung: Gewöhnlich mit wiederholtem καί (Polysyndeton), vgl. o. V Satz 3; nach dem ersten Glied wird gern ein τε hinzugefügt. Möglich ist auch ein Asyndeton; es wirkt lebhaft und emphatisch.

XIII 5 Dativ 1
Bornemann-Risch § 186-189; Lindemann-Färber § 71-80

C Lösungen

1. Ἀχιλλεὺς οὐκ [ἐβούλετο / ἤθελε] ζῆν Πατρόκλῳ τῷ (ἑαυτοῦ) [φίλῳ / ἑταίρῳ] [οὐ / μὴ] τιμωρήσας.

➢ „nicht wollen“: • οὐ βούλομαι keine Lust haben
• οὐκ ἐθέλω sich weigern
Wortfeld „wollen“ s.o. XI 5 Satz 5.

➢ „ohne zu“: Das Partizip erhält die Verneinung, die ein gleichwertiger Nebensatz haben würde; hier kann es entweder temporal (οὐ) oder kondizional (μή) aufgefaßt werden [BR 240.6].

➢ „rächen“: • τιμωρέω τινί τι für jd. rächend eintreten wegen einer Sache
• τιμωρέομαί τινά τινος sich rächen an jd. für etwas

2. [Δίδου / Δὸς] τῷ πένητι [ἀργύριόν τι. / ἀργυρίου ὀλίγον.]

➢ „etwas“ kann durch das Indefinitpronomen τι oder durch ὀλίγον „ein wenig“ mit *Genetivus partitivus* ausgedrückt werden.

3. Ζεὺς [πέμπει / ἔπεμψε / δίδωσι / ἔδωκε] τοῖς ἀνθρώποις καὶ ἀγαθὰ καὶ κακά.

➢ Aspekt: Zeitstufenloses Präsens unterstreicht die Allgemeingültigkeit, der gnomische Aorist die Erfahrungstatsache.

➢ ἀγαθά/κακά: Wenn an eine Summe von guten/schlechten Dingen gedacht ist, wird Neutrum Plural gesetzt; s.o. V Satz 5. Der Singular bezeichnet das Gute/Schlechte als Begriff oder ein einzelnes Gut/Übel.

4. Ξενοφῶν Προξένῳ ἐπείσθη μετὰ Κύρου στρατεύεσθαι.

➢ Ξενοφῶν: Die Namen auf -φῶν, -φῶντος (Antiphon, Demophon, Ktesiphon, Chairephon usw.) sind kontrahiert aus -φάων. Dies ist ein Partizip von einem altertümlichen Verb *φάϝω „leuchten“.

➢ „lassen“ braucht oft nicht übersetzt zu werden, wenn es wie hier für das Passiv steht.

5.	Δεῖ	θεῷ	ἕπεσθαι	καὶ νῷ πείθεσθαι· τοῦτο γὰρ ταὐτό
	Χρὴ		ἀκολουθεῖν	

ἐστιν	ἐκείνῳ.
	καὶ ἐκεῖνο.

- „folgen“: ἕπομαι und ἀκολουθέω sind weitgehend austauschbar. ἕπομαι betont mehr das Nacheinander oder die Abhängigkeit, ἀκολουθέω das Miteinander oder die Begleitung.
- Erinnerung: τοῦτο ist das Näherstehende, ἐκεῖνο das Entferntere, s.o. VIII Satz 5.

6.	Τοῖς μὲν νέοις	πρέπει	ἐρᾶν,	γέρουσι | πρεσβύταις	δ᾽ οὔ.
	Τοὺς μὲν νέους	προσήκει		γέροντας | πρεσβύτας	

- „Jugendliche“ und „alte Leute“: vgl. S. 141 „Bezeichnungen der Lebensalter“.
- „paßt es“: • πρέπει mehr ästhetisch: es harmoniert
  • προσήκει mehr ethisch: es geziemt sich
  • ἁρμόττει mehr praktisch: es paßt zusammen, entspricht, fügt sich
- „verliebt sein“: Wortfeld „lieben“ s.o. IV 1 Satz 5.

	Ἔνιοι	
7.	Ἔστιν οἳ	λέγουσι τοὺς θεοὺς φθονεῖν τοῖς ἀνθρώποις τῆς
	Εἰσὶν οἳ	

	ὅτι οὐ προσήκει θνητοῖς εὐδαιμονία.	
εὐδαιμονίας,	θνητοῖς	γὰρ οὐ προσήκειν εὐδαιμονεῖν.
	θνητοὺς	

- „manche“: Wortfeld s.o. XIII 1 Satz 7.
- „mißgönnen“: φθονέω. Die übliche Wiedergabe „beneiden“ ist nicht ganz treffend. Bei „Neid“ steht im Vordergrund der Wunsch, etwas selbst zu haben, bei φθόνος der Wunsch, einem anderen etwas zu nehmen; das wird besser ausgedrückt mit „mißgönnen“. Nur so ist der sprichwörtliche Neid der Götter zu verstehen; was sie den Menschen nehmen, wollen sie sich ja nicht selber aneignen.
- „angemessen“: προσήκειν und πρέπειν werden mit Dativ konstruiert, dazu kann ein Infinitiv treten. Stattdessen kann das Verb auch unpersönlich gebraucht werden und einen AcI regieren, s.o. Satz 6.

<table><tr><td>8. Ἀμυνοῦμεν πᾶσι τοῖς (ἡμετέροις) φίλοις</td><td>οὐ
οὐδὲν</td><td>φειδόμενοι</td></tr></table>

ἡμῶν (αὐτῶν).

- „verteidigen“: Zur Bedeutung und Konstruktion von ἀμύνω s.o. Wortfeld „sich verteidigen“ XI 3 Satz 7.
- Erinnerung: Das Partizip wird mit οὐ verneint, weil ein gleichwertiger Nebensatz temporal („während“) oder relativ („wobei“) zu denken ist, nicht kondizional; s.o. Satz 1.

<table><tr><td>9.</td><td>Δεῖ
Χρὴ</td><td>ἡμᾶς ἀμύνεσθαι τοὺς</td><td>γείτονας,
ὁμόρους,</td><td>ἐπεὶ</td><td>ἐπέρχονται
ἐπιτίθενται
ἐφορμῶσιν</td><td>ἡμῖν καὶ</td></tr></table>

<table><tr><td>μεγάλα
πολλὰ</td><td>(ἡμᾶς) βλάπτουσιν.</td></tr></table>

- „Nachbar“: • ὁ γείτων sowohl Hausnachbar als auch Grenznachbar
  • ὁ ὅμορος Grenznachbar (ὁμοῦ + ὅρος)
- (ἡμᾶς): entbehrlich, weil dieses Objekt schon im vorherigen Glied stand (ἡμῖν). Der Kasus ist zwar verschieden (deshalb wäre die Weglassung im Deutschen nicht erlaubt), aber das Griechische ist weniger pedantisch.
- „großen Schaden zufügen“: Zur Erweiterung der Verbalaussage kann ein Akkusativ des Inhalts vom Neutrum eines Adjektivs oder Pronomens (Singular oder Plural) gebildet werden [BR 170.2; LF 36.2].

<table><tr><td>10. Πάντα</td><td>ἡμῖν
ὑφ᾽ ἡμῶν</td><td>πέπρακται,
πεποίηται,</td><td>ἃ
ὅσα</td><td>ἐδυνήθημεν
δυνατὰ ἦν
ἐξῆν | παρῆν
οἷόν τε ἦν</td><td>
(ἡμῖν)</td><td>(πρᾶξαι.)
(ποιῆσαι.)</td></tr></table>

- „tun“: • πράττω intrans.: handeln (lat. *agere*); trans.: betreiben, bewirken; auch: verhandeln (πρός τινα)
  • ποιέω herstellen (lat. *facere*); daher: machen, tun, schaffen; auch: dichten, erdichten
- „möglich sein“ (persönlich): δύναμαι können, vermögen
  (unpersönlich): • δυνατόν ἐστιν
  • ἔστιν, ἔξεστιν, πάρεστιν
  • οἷόν τέ ἐστιν
- (πρᾶξαι, ποιῆσαι): Im klass. griechischen Stil wird gerne ein Verbum in demselben Satz in einer anderen Flexionsform wiederholt.

11. Ἆρα μέμνησαι τῶν ὑπὸ Σωκράτους εἰρημένων
Σωκράτει
ἐν τῇ ὑπὸ Πλάτωνος συγγεγραμμένῃ Ἀπολογίᾳ;
Πλάτωνι

- Direkte Fragesätze werden mit ἆρα oder ἦ eingeleitet, wenn keine bestimmte Antwort (ja oder nein) erwartet wird [BR 266.2a; LF 136.2a].
- „erinnern“: Wortfeld „an etwas denken“ s.o. XIII 3 Satz 1.
- Ἀπολογία: Groß geschrieben, um das Wort als Buchtitel zu kennzeichnen. Wenn man an die wirkliche, historische Rede des Sokrates denkt, müßte man klein schreiben.
  Werktitel wurden erst im späten 5. Jahrhundert üblich. Ältere Schriften (Vorsokratiker, Herodot) erhielten erst später Titel. Haupttypen:
  - Nominativ der Zentralfigur des Werkes: Ἀντιγόνη (Sophokles), Βάτραχοι (Aristophanes), Φαίδων (Platon)
  - Nominativ einer Gattungsbezeichnung: Ἀπολογία Σωκράτους (Platon, Xenophon), auch elliptisch: Πανηγυρικός (sc. λόγος; Isokrates)
  - Präpositionaler Ausdruck, bei Gerichtsreden: Κατὰ Ἐρατοσθένους (Lysias); bei polemischen Schriften: Πρὸς Κωλώτην (Plutarch)
  - Περὶ + Gen. als Themenangabe, häufig bei philosophischen Schriften: Περὶ ψυχῆς (Aristoteles), auch mit substantiviertem Infinitiv: Περὶ τοῦ ἀκούειν (Plutarch)
  - AcI, indirekter Fragesatz, ὅτι-Satz: hellenistische Titelformen, auch kombiniert mit περί: Περὶ τοῦ τὰ ἄλογα λόγῳ χρῆσθαι (Plutarch)

ἰσχυροῖς
12. Πᾶσι (μὲν) τοῖς εὐρώστοις πολίταις ἀπὸ τῶν τειχῶν μαχετέον
δυνατοῖς
τοῖς πολεμίοις, τοῖς δ' ἀσθενεστέροις φυλακτέον τὰς πύλας, ταῖς δὲ γυναιξὶν εὐκτέον τοῖς θεοῖς, τοῖς δὲ παισὶ δόρατα καὶ τοξεύματα οἰστέον τοῖς μαχομένοις.
ἐνεκτέον

- „kräftig“:
  - ἰσχυρός besonders kräftig, stark
  - εὐρώστος bei guten Kräften, rüstig (von ῥώννυμι)
  - δυνατός die normalen Fähigkeiten habend, nicht behindert (ἀδύνατος kann einen Körperbehinderten bezeichnen; Lysias, *Oratio* 24: Ὑπὲρ τοῦ ἀδυνάτου)
- „müssen“: Das Verbaladjektiv auf -τέος (3) wird persönlich und unpersönlich gebraucht [BR 249.2; LF 159.2]; in Verbindung mit dem *Dativus auctoris* bildet es eine Alternative zur Konstruktion δεῖ oder χρή mit AcI.

Bezeichnungen der Lebensalter

Für die Altersstufen (vgl. *Der Neue Pauly*, Art. „Lebensalter") hat das Griechische viele Ausdrücke, in die schon antike Grammatiker ein System zu bringen versuchten. Ihre Abgrenzung ist natürlich unscharf, es gibt auch zeitliche und örtliche Unterschiede. (In Sparta und Kreta gab es eigene Bezeichnungen.) Außerdem ist der allgemeinsprachliche Gebrauch von einem technischen zu unterscheiden, der etwa im hellenistischen Schulwesen und bei sportlichen Wettbewerben galt. Eine Auswahl (die Altersangaben sind Schätzungen):

		Alter	weibl. Entsprechung
τὸ βρέφος	Säugling		
τὸ παιδίον, τὸ παιδάριον	Kleinkind (kann gehen und sprechen)		
ὁ/ἡ παῖς	Kind (Schulalter)	7-15 (18)	ἡ κόρη
τὸ μειράκιον	Adoleszent	14-18	
ὁ νεανίσκος	Heranwachsender	(15) 18-20	
ὁ νεανίας	Jungmann	18-30	
ὁ ἀνήρ	Mann, Erwachsener	20-60	ἡ γυνή
ὁ πρεσβύτης	alter Mann	ab 60	ἡ πρεσβῦτις
ὁ γέρων	Greis		ἡ γραῦς

weitere Bezeichnungen:

νήπιος	urspr. „töricht": Bezeichnung von Kleinkindern
τὸ τέκνον	Kind, mehr im Sinne der Abstammung (von τίκτω)
ὁ ἔφηβος	eigentl. „Pubertierender" (von ἥβη, „Pubertät"), in Athen technisch für die Zeit des militärischen Ausbildungsdienstes (Ephebie), 18-20 Jahre.
ἡ παρθένος	Mädchen, unverheiratete junge Frau
οἱ νέοι	Heranwachsende; im Hellenismus oft in Vereinen an den Gymnasien organisiert, (18) 20-30 Jahre.
οἱ ἐν ἡλικίᾳ	im wehrfähigen oder mündigen Alter, ab 18 Jahre.
τέλειος	reif, erwachsen

XIII 6 Dativ 2
Bornemann-Risch § 190-194; Lindemann-Färber § 81-86

C Lösungen

1. Ἐπεὶ οἱ Ἀθηναῖοι	εἰρήνην σπονδὰς	ἐποιήσαντο	τοῖς Πέρσαις,
	ἐσπείσαντο		πρὸς τοὺς Πέρσας,

πολλοὶ αὐτῶν φίλοις ἐχρῶντο	ἐκείνοις τούτοις	καὶ δὴ καὶ αὐτῷ βασιλεῖ.

- „Frieden schließen“: • εἰρήνην ποιέομαι indirekt reflexives Medium, weil der Friede für den Handelnden selbst gilt. εἰρήνην ποιέω würde bedeuten „Frieden (unter anderen) stiften“
  • σπονδὰς ποιέομαι: (σπονδαί „Waffenstillstand“ oder „Friedensvertrag“, weil dieser durch ein Trankopfer, σπονδή, besiegelt wird.) Diese Periphrase ist gleichbedeutend mit dem einfachen Verb σπένδομαι. – ποιεῖσθαι wird allgemein in periphrastischen Ausdrücken gebraucht, wenn das Subjekt eine Handlung selbst durchführt, z.B. λόγους ποιεῖσθαι „eine Rede halten“.
- „mit diesen“: ἐκείνοις drückt besser als τούτοις aus, daß dies (im Kontrast zu αὐτῶν) die entferntere Personengruppe ist.
- „selbst“: prädikativ gestelltes αὐτός im Unterschied zu ὁ αὐτός „derselbe“.
- Inhalt: Historisch ist an den Frieden des Kallias (449 v.Chr.) gedacht.

2.	Ἐπεὶ Ὅτε Ὁπότε Ἡνίκα	ἠγγέλθη	ὅτι οἱ πολέμιοι	ἐπέρχονται ἐπιτίθενται ἐφορμῶσιν	ἐπίοιεν ἐπιτιθεῖντο ἐφορμῷεν
			τοὺς πολεμίους	ἐπιέναι ἐπιτίθεσθαι ἐφορμᾶν	

τῇ χώρᾳ, (ἐγὼ)	συνῆ(ν) ὁμοῦ ἦν	τοῖς ἄλλοις στρατηγοῖς· καὶ	ἔγνωμεν ἐβουλευσάμεθα ἔδοξεν ἡμῖν

ταῖς μὲν κώμαις μὴ ἀμύνειν, τὴν δὲ πόλιν παντὶ τρόπῳ καὶ πάσῃ μηχανῇ σῴζειν.

➢ „als“ (zeitlich): • ἐπεί als; da (auch kausal)
• ὅτε, ὁπότε zu der Zeit, als (korrelativ: τότε)
• ἡνίκα in dem Augenblick (Betonung der genauen Zeit)

➢ „angreifen“: • ἐπέρχομαι heranrücken, losgehen auf (Erinnerung: ἔρχομαι ist nur im Indikativ Präsens gebräuchlich, alle anderen Formen werden von εἶμι und ἥκω gebildet, BR 137 Erl.1; ZF 189.105)
• ἐπιτίθεμαι jd. angreifen, zusetzen
• ἐφορμάω anstürmen
• ἐπιχειρέω Hand anlegen, jd. anfallen

Alle Wörter werden mit dem Dativ verbunden.

➢ „beschließen“: • γιγνώσκω (bes. im effektiven Aorist) als Ergebnis einer Überlegung
• βουλεύομαι (bes. im effektiven Aorist) als Ergebnis einer Beratung oder Planung
• δοκεῖ μοι allgemein; speziell von einem formellen (demokratischen) Beschluß, vgl. o. VII Satz 7.
• ψηφίζομαι in einer Abstimmung beschließen

➢ σῴζειν, nicht σῶσαι; der Aorist würde (effektiv) einen Erfolg einschließen, der in diesem Augenblick ja noch nicht feststeht; das Präsens hat einen konativen Sinn.

3. Ἅμα τῇ ἡμέρᾳ οἱ τῶν ἐναντίων [στρατῶν | στρατευμάτων] [ἡγεμόνες | στρατηγοὶ] [συνῆλθον | συνεγένοντο] καὶ [διελέγοντο ἀλλήλοις. | ἔπραττον πρὸς ἀλλήλους.]

➢ „sich treffen“: Wortfeld „(an)treffen“ s.o. VIII Satz 7.

➢ „Feldherr“: • ὁ ἡγεμών allg. Heerführer; Wortfeld „Vorgesetzter“ s.o. XIII 3 Satz 3
• ὁ στρατηγός Oberbefehlshaber als Amtstitel (Jahresamt in Athen)

4. Τῶν στρατηγῶν ὁ μὲν ἕτερος χιλίοις ἀνδράσιν [ἐβοήθησε | ἐπεκούρησε] τῷ ἑτέρῳ, ὁ δ᾽ [ἠγνόει, | ἠπόρει, | οὐκ εἶχε,] τί [χρῆται | χρῷτο | χρήσηται | χρήσαιτο] τῷ στρατεύματι.

➢ „nicht wissen“: • ἀγνοέω in Unkenntnis sein
• ἀπορέω ratlos sein
• οὐκ ἔχω keine Möglichkeit haben, nicht können

➢ χρῆται usw.: Im abhängigen deliberativen Fragesatz steht, wie im direkten, der Konjunktiv [BR 272.2; LF 130.3]; nach Nebentempus ist auch der *Optativus obliquus* möglich; vgl. XIII 3 Satz 8.

5. Οἱ πάλαι | διδάσκαλοι τῶν Ἑλλήνων, / διδάσκοντες τοὺς Ἕλληνας, | Ὅμηρός τε καὶ οἱ ἄλλοι

ποιηταί, | ἐκέλευον / παρεκάλουν | τοὺς μὲν φίλους ὠφελεῖν, τοὺς δ᾽

ἐχθροὺς βλάπτειν, καὶ τοῖς μὲν φίλοις συμμαχεῖν, τοῖς δ᾽ ἐχθροῖς

| ἀγωνίζεσθαι. / διαμάχεσθαι. | Σωκράτης δὲ καὶ οἱ περὶ αὐτὸν / οἱ δὲ περὶ Σωκράτην | ἔλεγον | δεῖν (ἡμᾶς) / ——— |

ὠφελεῖν ὀνινάναι	καὶ	εὐεργετεῖν εὖ ποιεῖν	———	πάντας (τοὺς)
ὠφελητέον ὀνητέον	καὶ	εὐεργετέον εὖ ποιητέον	ἡμῖν εἶναι	

ἀνθρώπους, | καὶ τοὺς φίλους καὶ τοὺς ἐχθρούς. / τοὺς ἐχθροὺς ὁμοίως τοῖς φίλοις. / τοὺς ἐχθροὺς οὐχ ἧττον ἢ τοὺς φίλους. |

- „Lehrer der Griechen“: zur Konstruktion διδάσκοντες s.o. XIII 1 Satz 5 „von Attika“.
- διδάσκοντες: Präsens, das einen Dauerzustand (linearer Aspekt) auch in der Vergangenheit ausdrückt.
- „auffordern“: Wortfeld „ermahnen“, „auffordern“ s.o. XI 1 Satz 13.
- „Gegner sein“:
  - (ἀντ)αγωνίζομαι eine Auseinandersetzung führen (Sport, Gericht, Krieg)
  - διαμάχομαι bekämpfen (ausdauernd, bis zum Ende); Wortfeld „kämpfen“, s.o. V Satz 1
- „Anhänger“:
  - οἱ περί τινα Anhänger, Schüler (die genannte Person ist grundsätzlich eingeschlossen), oft von Philosophenschulen
  - οἱ ἑταῖροι Gefährten, Kameraden, Genossen, Parteigänger
  - οἱ ἀμφί τινα Gefolge
  - οἱ μετά τινος Begleiter, Umgebung
- „ebenso wie“:
  - καί … καί einfache Gleichstellung
  - ὁμοίως τινί, οὐχ ἧττον ἤ, οὐ μᾶλλον ἤ } das zweite Glied dient als Maßstab

6. Μιᾷ πληγῇ ἀπέκοψε | τῷ ἐναντίῳ / τοῦ ἐναντίου | τὴν κεφαλὴν | αὐτῷ κράνει. / αὐτῇ κόρυθι. |

- „Helm“:
  - τὸ κράνος prosaisch
  - ἡ κόρυς vorwiegend poetisch (Homer)

7. Οἱ στρατιῶται	λίθοις	ἔβαλλον ἔβαλον	τὸν στρατηγόν.
	λίθους	ἔρριπτον ἐπὶ ἔρριψαν ἐπὶ	

- „werfen“: • βάλλω + Akkusativ des Zieles (dieses ist hervorgehoben)
  • ῥίπτω + Akkusativ des Wurfgegenstandes (dieser ist hervorgehoben)
- Aspekt: Imperfekt mit konativem Sinn („werfen nach“, es bleibt offen, ob man trifft), Aorist mit effektivem Sinn („treffen“).

8. Ὁ ἵππος πολὺ	διαφέρει ὑπερέχει	τοῦ ἀνθρώπου	(τῷ) τάχει.
	ὑπερβάλλει νικᾷ	τὸν ἄνθρωπον	

- „übertreffen“: Wortfeld s.o. XIII 2 Satz 8.

9. Φύσει μὲν οἱ ἄνθρωποι ἴσοι (εἰσὶν) ἀλλήλοις, νόμῳ δὲ διαφέρουσιν ἐλεύθεροι μὲν δούλων, Ἕλληνες δὲ βαρβάρων.

- φύσει … νόμῳ: νόμος bedeutet „Gesetz“ (staatliche Norm) und „Brauch“ (gesellschaftliche Verhaltensnorm). In der „griechischen Aufklärung“ des 5. Jahrhunderts ist die Antithese φύσις – νόμος zum Schlagwort geworden, um natürliche Gegebenheiten und gesellschaftliche Konventionen zu bezeichnen.

10. Ὅσῳ βραχύτερος ἦν ὁ λόγος, τοσούτῳ μᾶλλον ἤρεσκε τοῖς Λακεδαιμονίοις.

- Der Artikel bei λόγος ist generalisierend gebraucht.
- „Spartaner“: Wortfeld s.o. XI 3 Satz 1.

11. Πολλοὶ τῶν Ἀθηναίων	ἤχθοντο χαλεπῶς ἔφερον	ταῖς Ἀριστοφάνους

κωμῳδίαις, ἐπεὶ ὠνείδιζε	τοῖς	τοῦ δήμου	προστάταις	
	τοὺς		προστάτας	

ἐν αὐταῖς. δι᾽ αὐτῶν.

- „aufgebracht sein“:
  - ἄχθομαι sich ärgern (eher oberflächlich)
  - χαλεπῶς φέρω eigentl.: mit Erbitterung hinnehmen, aufgebracht sein (+ Dat.; + Akk.: schwer an etwas tragen)
  - ὀργίζομαι zornig sein, stark und nachhaltig, mit dem Gedanken an Vergeltung
  - θυμόομαι wütend sein, aufbrausen
  - χαλεπαίνω übelnehmen, gereizt sein (eher momentan und oberflächlich)
  - ἀγανακτέω Unwillen, (gerechte) Empörung empfinden
  - δυσχεραίνω (meist mit Akk.) abgestoßen sein, nicht mögen
  - λυπέομαι betrübt, verletzt sein

  Konstruktion: bei allen Verben Dativ oder ἐπί (+ Dat.), wenn nicht anders angegeben.
- „kritisieren“:

  (belehrend, korrigierend) μέμφομαι, ψέγω tadeln (Gegensatz ἐπαινέω):
  - μέμφομαί τινα oder τι beanstanden, Unzufriedenheit äußern
  - μέμφομαί τινι unzufrieden sein, übelnehmen (auch schweigend)
  - ψέγω τινά herabsetzen; ψόγος kann eine literarische Invektive sein

  (sachlich)
  - κατηγορέω τινός τι anklagen, etwas zur Last legen
  - ἐπιτιμάω τινί Vorwürfe machen, schelten

  (feindselig)
  - ὀνειδίζω τινί (oder τινά) τινος kränkende Vorwürfe machen, schmähen wegen etwas
  - κακῶς λέγω τινά schlecht über jd. reden, auch direkt beleidigen
  - λοιδορέω τινά, λοιδορέομαί τινι laut schimpfen, zanken, krakeelen
  - προπηλακίζω τινά „mit Schlamm (πηλός) bewerfen“, Beleidigungen an den Kopf werfen

  (heimtückisch)
  - διαβάλλω τινά verleumden, in schlechten Ruf bringen
  - βλασφημέω εἴς τινα verleumden, erlogene Vorwürfe erheben

Deutsche Formen griechischer Eigennamen

Bei der deutschen Wiedergabe griechischer Namen gibt es viele Eigenarten, die geschichtlich zu erklären sind. In der Humanistenzeit wurden konsequent die latinisierten Formen verwendet (Ajax, Darius, Phaedo); dann machte sich französischer Einfluß bemerkbar, der vor allem ein Verschwinden von Endungen bewirkte (Homer entsprechend frz. Homère mit stummem Schluß *-e*). Im Neuhumanismus des 18./19. Jahrhunderts kam die Forderung auf, die griechische Namensform getreu wiederzugeben: „Graeca Graece!" (Aias, Dareios, Phaidon). Dies hat sich nur teilweise durchgesetzt. Lateinische Formen gelten heute als populärer (daher heißt das Putzmittel „Ajax", nicht „Aias").

Eine Übernahme der griechischen Betonung wurde nie gefordert, es ist im allgemeinen bei der lateinischen Betonung geblieben (also Betonung der vorletzten Silbe, wenn diese lang ist, sonst der drittletzten). So pflegen wir „Aischylos" in griechischer Lautform, aber mit lateinischer Betonung auf der drittletzten Silbe auszusprechen. Deutsche Anfangsbetonung hat sich durchgesetzt bei „Phílipp" (ähnlich „Aúgust"). In einigen Fällen ist französischer Einfluß zu bemerken: „Herostrát", wohl auch „Eurydíke" (scheinbar griechische Betonung, daneben „Eurýdike" mit lateinischer), vielleicht unter dem Einfluß der italienisch-französischen Namensform in Glucks Oper. Manche Betonungsvarianten (z.B. „Diótima", bei Hölderlin korrekt „Diotíma", was sowohl griechischer wie lateinischer Betonung entspricht) beruhen wohl auf falschen Analogien und sind zu meiden.

Zeitweise wurde griech. η als *ä* transkribiert (so schrieb Hölderlin „Antigonä"), was phonetisch richtig ist, aber zu Verwechslungen mit *ä* = lat. *ae* = griech. αι führte und wieder außer Gebrauch kam. Gelegentlich wird κ vor hellem Vokal (durch Vermittlung von lat. *c*) und τ vor ι (über lat. *-ti-*) als *z* wiedergegeben (z.B. „Phönizien", „Byzanz"). Neueren Datums ist die englisch-amerikanische Tendenz, griech. ου als *ou* zu transkribieren („Oidipous"), was dem Buchstabenbild entspricht, aber phonetisch irreführend ist. Dies hat in Deutschland bisher wenig Anklang gefunden.

Die heute in Deutschland geläufigen Namensformen verbinden also das Prinzip der reinen Umschrift mit lateinischen und französischen Elementen. So ist in „Euklid" das *k* typisch für die reine Umschrift (nicht *c*), das *i* geht auf das Lateinische zurück (für ει), das Fehlen der Endung *-es* ist eine französische Eigentümlichkeit. Bei vielen Namen schwankt die Schreibweise. In den folgenden Listen sind die Formen bevorzugt, die in gebildeter deutscher Umgangssprache üblich sind.

Städte, Länder, Völker

S Stadt, πόλις

E Ἐθνικόν, Volksname, Bezeichnung eines Bewohners (genauer: Bürgers) dieser Stadt. Primär als Substantiv aufzufassen; doch steht das Ethnikon oft als Apposition bei ἀνήρ u.a. Personenbezeichnungen und kann dann als Adjektiv empfunden werden.

K Κτητικόν, Adjektiv der Zugehörigkeit (zu einer Stadt oder einem Volk). Gewöhnlich von Sachen gebraucht, aber unter Umständen von Personen, besonders wenn sie keine Vollbürger sind, daher auch von Frauen. Dies sind regelmäßige Adjektive auf -ος, -α (-η), -ον; daher werden die Formen nicht eigens angegeben. Manchmal sind Ethnikon und Ktetikon identisch, dann ist ein EK vorangestellt. Feminine Formen auf -ίς, -ίδος und -άς, -άδος sind ursprünglich Ethnika, werden aber vorwiegend als Ktetika gebraucht. Sie stehen oft bei γῆ oder χώρα und γλῶττα oder (ἡ) διάλεκτος zur Bezeichnung eines Landes oder einer Sprache (eines Dialekts). Diese Substantive entfallen häufig; so ἡ Φωκίς (Land), ἡ Ἀτθίς (Sprache).

L Land, χώρα, die Polis mit dem zugehörigen ländlichen Gebiet umfassend. Dafür wird meist das Femininum des Ktetikons gebraucht, zu ergänzen ist χώρα oder γῆ.

I Insel, νῆσος

Abdera	S	Ἄβδηρα,-ων, τά
	E	Ἀβδηρίτης,-ου, ὁ
	K	Ἀβδηριτικός
Achaia	L	Ἀχαία,-ας, ἡ
Achäer	E	Ἀχαιός,-οῦ, ὁ
achäisch	K	Ἀχαϊκός, fem. auch: Ἀχαΐς,-ΐδος
Ägina	I	Αἴγινα,-ης, ἡ
Äginet	E	Αἰγινήτης,-ου, ὁ, fem. Αἰγινῆτις,-ιδος
äginetisch	K	Αἰγιναῖος, später: Αἰγινητικός
Ägypten	L	Αἴγυπτος,-ου, ἡ
Ägypter	E	Αἰγύπτιος,-ου, ὁ
ägyptisch	K	Αἰγύπτιος und Αἰγυπτιακός

Alexandrien	S	Ἀλεξάνδρεια,-ας, ἡ
Alexandriner	E	Ἀλεξανδρεύς,-έως, ὁ
alexandrinisch	K	Ἀλεξανδρινός
Äolien	L	Αἰολίς,-ίδος, ἡ oder Αἰολία,-ας, ἡ
Äoler	E	Αἰολεύς,-έως, ὁ (οἱ Αἰολεῖς)
äolisch	K	Αἰολικός, fem. auch: Αἰολίς,-ίδος
Argos	S	Ἄργος,-ους, τό
Argeier, argivisch	EK	Ἀργεῖος
Argolis	L	Ἀργολίς,-ίδος, ἡ
Arkadien	L	Ἀρκαδία,-ας, ἡ
Arkader	E	Ἀρκάς,-άδος, ὁ
arkadisch	K	Ἀρκαδικός
Asien	L	Ἀσία,-ας, ἡ
Asiat	E	Ἀσιάτης,-ου, ὁ
asiatisch	K	Ἀσιατικός oder Ἀσιανός
Athen	S	Ἀθῆναι,-ῶν, αἱ
Athener	E	Ἀθηναῖος,-ου, ὁ
athenisch, attisch	K	Ἀττικός, fem. auch: Ἀτθίς,-ίδος
Attika	L	Ἀττική,-ῆς, ἡ
Äthiopien	L	Αἰθιοπία,-ας, ἡ
Äthiopier	E	Αἰθίοψ,-πος, ὁ
äthiopisch	K	Αἰθιοπικός
Böotien	L	Βοιωτία,-ας, ἡ
Böotier	E	Βοιωτός,-ου, ὁ
böotisch	K	Βοιώτιος und Βοιωτικός, fem. auch: Βοιωτίς,-ίδος
Byzanz	S	Βυζάντιον,-ου, τό
	EK	Βυζάντιος
Chalkis	S	Χαλκίς,-ίδος, ἡ
Chalkidier	E	Χαλκιδεύς,-έως, ὁ
chalkidisch	K	Χαλκιδικός
Chäronea	S	Χαιρώνεια,-είας, ἡ
	E	Χαιρωνεύς,-έως, ὁ
	K	Χαιρωνικός

Chios	I	Χίος, -ου, ἡ
	EK	Χῖος
Delos	I	Δῆλος, -ου, ἡ
Delier	E	Δήλιος, -ου, ὁ
delisch	K	Δήλιος und Δηλιακός, fem. auch: Δηλιάς, -άδος
Delphi	S	Δελφοί, -ῶν, οἱ
Delphier	E	Δελφός, -οῦ, ὁ
delphisch	K	Δελφικός
(älterer Name:	S	Πυθώ, -οῦς, ἡ
	EK	Πύθιος, fem. Πυθία oder Πυθιάς, -άδος)
Dorier	E	Δωριεύς, -έως, ὁ (οἱ Δωριεῖς)
dorisch	K	Δωρικός, auch: Δώριος fem. auch: Δωρίς, -ίδος
Elea	S	Ἐλέα, -ας, ἡ
Eleat	E	Ἐλεάτης, -ου, ὁ
eleatisch	K	Ἐλεατικός
Eleusis	S	Ἐλευσίς, -ῖνος, ἡ
eleusinisch	EK	Ἐλευσίνιος τὰ Ἐλευσίνια die eleusinischen Mysterien
Elis	L	Ἦλις, -ιδος, ἡ
Eleer	E	Ἠλεῖος, -ου, ὁ
elisch	K	Ἠλιακός
Ephesos	S	Ἔφεσος, -ου, ἡ
Epheser, ephesisch	EK	Ἐφέσιος
Euböa	I	Εὔβοια, -ας, ἡ
Euböer	E	Εὐβοεύς, -έως, ὁ
euböisch	K	Εὐβοϊκός, fem. auch: Εὐβοΐς, -ΐδος
Gallien	L	Κελτική, -ῆς, ἡ
Gallier	E	Κελτός, -οῦ, ὁ, später auch: Κέλτης, -ου, ὁ
gallisch	K	Κελτικός
Germanien	L	Γερμανία, -ας, ἡ
Germane	E	Γερμανός, -οῦ, ὁ
germanisch	K	Γερμανικός

Hellas	L	Ἑλλάς,-άδος, ἡ
Hellene	E	Ἕλλην,-ος, ὁ
hellenisch	K	Ἑλληνικός, fem. auch: Ἑλληνίς,-ίδος
Indien	L	Ἰνδική,-ῆς, ἡ
Inder	E	Ἰνδός,-οῦ, ὁ
indisch	K	Ἰνδός und Ἰνδικός
Ionien	L	Ἰωνία,-ας, ἡ
Ionier	E	Ἴων,-ωνος, ὁ (οἱ Ἴωνες)
ionisch	K	Ἰωνικός, fem. auch: Ἰωνίς,-ίδος und Ἰάς,-άδος
Italien	L	Ἰταλία,-ας, ἡ
Italer (bes. Einheimische)	E	Ἰταλός,-οῦ, ὁ, Pl. auch: οἱ Ἰταλικοί
Italer (bes. Griechen)	E	Ἰταλιώτης,-ου, ὁ
italisch	K	Ἰταλικός, fem. auch: Ἰταλίς,-ίδος und Ἰταλιῶτις,-ιδος
Ithaka	I	Ἰθάκη,-ης, ἡ
Ithaker	E	Ἰθακήσιος,-ου, ὁ
Judäa	L	Ἰουδαία,-ας, ἡ
Jude	E	Ἰουδαῖος
jüdisch	K	Ἰουδαϊκός
Karien	L	Καρία,-ας, ἡ
Karer	E	Κάρ,-ός, ὁ (οἱ Κᾶρες)
karisch	K	Κάριος und Καρικός
Karthago	S	Καρχηδών,-όνος, ἡ
Karthager, karthagisch	EK	Καρχηδόνιος
Kilikien	L	Κιλικία,-ας, ἡ
Kiliker	E	Κίλιξ,-κος, ὁ (οἱ Κίλικες), fem. Κίλισσα, ἡ
kilikisch	K	Κιλίκιος
Korinth	S	Κόρινθος,-ου, ἡ
Korinther	E	Κορίνθιος
korinthisch	K	Κορίνθιος, Κορινθιακός
Kreta	I	Κρήτη,-ης, ἡ
Kreter	E	Κρής,-τός (οἱ Κρῆτες), fem. ἡ Κρῆσσα,-ας
kretisch	K	Κρητικός

Kykladen	I	Κυκλάδες,-ων, αἱ
Kyme		
(in Kleinasien und in Italien, lat. *Cumae*)		
	S	Κύμη,-ης, ἡ
Kymeer,		
kymäisch	EK	Κυμαῖος,-ου, ὁ
Lesbos	L	Λέσβος,-ου, ἡ
Lesbier	E	Λέσβιος,-ου, ὁ
lesbisch	K	Λέσβιος, fem. auch: Λεσβίς,-ίδος
Libyen	L	Λιβύη,-ης, ἡ
Libyer	E	Λίβυς,-υος, ὁ
liby(/i)sch	K	Λιβυκός, fem. auch: Λίβυσσα,-ης
Lydien	L	Λυδία, ας, ἡ
Lyder	E	Λυδός,-οῦ, ὁ
lydisch	K	Λύδιος
Makedonien	L	Μακεδονία,-ας, ἡ
Makedone	E	Μακεδών,-όνος, ὁ
makedonisch	K	Μακεδονικός
Marathon	S	Μαραθών,-ῶνος, ὁ
	EK	Μαραθώνιος,-ίου
Marseille	S	Μασσαλία,-ίας, ἡ
Massilier	E	Μασσαλιώτης,-ου, ὁ
massilisch	K	Μασσαλιωτικός
Medien	L	Μηδία,-ας, ἡ oder Μηδική,-ης, ἡ
Meder	E	Μῆδος,-ου, ὁ
medisch	K	Μηδικός
Perserkriege		τὰ Μηδικά
Megara	S	Μέγαρα,-ων, τά
Megarer	E	Μεγαρεύς,-έως, ὁ
megarisch	K	Μεγαρικός, fem. auch: Μεγαρίς,-ίδος
Messene	S	Μεσσήνη,-ης, ἡ
Messenier	E	Μεσσήνιος,-ίου, ὁ
messenisch	K	Μεσσήνιος und Μεσσηνιακός, fem. auch: Μεσσηνίς,-ίδος
Messenien	L	Μεσσήνη und Μεσσηνία

Milet	S	Μίλητος, -ου, ἡ
Milesier	E	Μιλήσιος
milesisch	K	Μιλήσιος und Μιλησιακός
Mykene	S	Μυκῆναι, -ῶν, αἱ und Μυκήνη, -ης, ἡ
	EK	Μυκηναῖος, fem. auch: Μυκηνίς, -ίδος
Mytilene	S	Μυτιλήνη, -ης, ἡ
	EK	Μυτιληναῖος, -ου, ὁ
Olympia		Ὀλυμπία, -ίας, ἡ (das Festgelände bei der Stadt Pisa in Elis)
	S	Πῖσα und Πίση, -ης, ἡ
olympisch	K	Ὀλυμπικός und Ὀλυμπιακός
die olympischen Spiele		τὰ Ὀλύμπια
Olympiade		Ὀλυμπιάς, -άδος, ἡ
(Bedeutungen:		1. olympischer Wettkampf
		2. olympischer Sieg
		3. Zeitraum von 4 Jahren)
Olympiasieger		ὁ Ὀλυμπιονίκης, -ου
Paros	I	Πάρος, -ου, ἡ
Parier, parisch	EK	Πάριος
Peloponnes	L	Πελοπόννησος, -ου, ἡ
Peloponnesier	E	Πελοποννήσιος, -ίου, ὁ
peloponnesisch	K	Πελοποννησιακός
Pergamon	S	Πέργαμον, -ου, τὸ
Pergamener, pergamenisch	EK	Περγαμηνός
Persien	L	Περσίς, -ίδος, ἡ
Perser	E	Πέρσης, -ου, ὁ
persisch	K	Περσικός, fem. auch: Περσίς, -ίδος
Phokis	L	Φωκίς, -ίδος, ἡ
Phoker	E	Φωκεύς, -έως, ὁ
phokisch	K	Φωκικός
Phönizien	L	Φοινίκη, -ης, ἡ
Phönizier	E	Φοῖνιξ, -ικος, ὁ; fem. Φοίνισσα, -σσης
phönizisch	K	Φοινίκιος und Φοινικικός

Phrygien	L	Φρυγία,-ας, ἡ
Phryger	E	Φρύξ,-υγός, ὁ
phrygisch	K	Φρύγιος
Piräus	S	Πειραιεύς,-έως, ὁ
	K	Πειραϊκός
Platää	S	Πλαταιαί,-ῶν, αἱ und Πλάταια, ἡ
	E	Πλαταιεύς,-έως, ὁ
	K	Πλατα(ι)ϊκός
	L	Πλαταιϊκή,-ῆς und Πλαταιῗς,-ῗδος
Potidäa	S	Ποτείδαια,-ας, ἡ (in den HSS gewöhnlich: Ποτίδαια)
	E	Ποτ(ε)ιδαιάτης, attisch: Ποτ(ε)ιδεάτης
	K	Ποτ(ε)ιδαιατικός und Ποτ(ε)ιδεατικός
Rom	S	Ῥώμη,-ης, ἡ
Römer	E	Ῥωμαῖος,-ου, ὁ
römisch	K	Ῥωμαϊκός
Salamis	I	Σαλαμίς,-ῖνος, ἡ
	EK	Σαλαμίνιος,-α,-ον
Samos	I	Σάμος,-ου, ἡ
	EK	Σάμιος
Sardes	S	Σάρδεις,-εων, αἱ
	E	Σαρδιανός
	K	Σαρδιανός und Σαρδιανικός
Selinunt	S	Σελινοῦς,-οῦντος, ὁ
	EK	Σελινούντιος und Σελινούσιος
Sizilien	L	Σικελία,-ας, ἡ
Sikuler, Sizilianer		
(bes. Einheim.)	E	Σικελός,-οῦ, ὁ
(bes. Griechen)	E	Σικελιώτης,-ου, ὁ
sizilisch	K	Σικελικός
Skythien	L	Σκυθία,-ας, ἡ und Σκυθική, ἡ
Skythe	E	Σκύθης,-ου, ὁ
skythisch	K	Σκυθικός, fem. auch: Σκυθίς,-ίδος
Spanien	L	Ἰβηρία,-ας, ἡ
Spanier	E	Ἴβηρ,-ηρος, ὁ
spanisch	K	Ἰβηρικός

Sparta	S	Σπάρτη,-ης, ἡ oder Λακεδαίμων,-ονος, ἡ
Spartaner	E	Σπαρτιάτης,-ου, ὁ Λακεδαιμόνιος,-ου, ὁ Λάκων,-ωνος, ὁ, fem. Λάκαινα
spartanisch	K	Λακωνικός, später auch: Σπαρτιατικός, fem. auch: Σπαρτιᾶτις,-ιδος und Λακωνίς,-ίδος
Lakonien	L	Λακεδαίμων,-ονος, ἡ und Λακωνική,-ῆς, ἡ
Syrakus	S	Συράκουσαι,-ῶν, αἱ
Syrakusaner syrakusisch	EK	Συρακόσιος
Syrien	L	Συρία,-ας, ἡ
Syrer	E	Σύρος,-ου, ὁ
syrisch	K	Σύριος und Συριακός
Tarent	S	Τάρας,-αντος, ὁ
Tarentiner tarentinisch	EK	Ταραντῖνος
Theben	S	Θῆβαι,-ῶν, αἱ
Thebaner	E	Θηβαῖος, ὁ
thebanisch	K	Θηβαῖος, fem. auch: Θηβαίς,-ίδος
Thessalien	L	Θεσσαλία,-ας, ἡ
Thessal(i)er	E	Θέσσαλος,-ου, ὁ
thessalisch	K	Θεσσαλικός und Θεσσάλιος, fem. auch: Θεσσαλίς,-ίδος
(Im Attischen steht immer ττ statt σσ)		
Thrakien	L	Θρᾴκη,-ης, ἡ (ionisch: Θρηίκη,-ης, ἡ)
Thraker	E	Θρᾷξ,-κός, ὁ, fem. Θρᾷττα (ionisch: Θρήιξ, ὁ; Θρῆσσα, ἡ)
trakisch	K	Θρᾴκιος (Θρηίκιος)
Tiryns	S	Τίρυνς,-νθος, ἡ
	EK	Τιρύνθιος
Troja	S	Ἴλιον,-ου, τό und Τροία,-ας, ἡ
Trojaner/Troer	E	Τρώς, Τρωός, ὁ (οἱ Τρῶες), fem.: Τρῳάς,-άδος, ἡ
trojanisch	K	Τρωικός der trojanische Krieg: τά Τρωικά
Troas	L	Τρῳάς,-άδος, ἡ (das ι *subscr.* kann auch fehlen)
Zypern	I	Κύπρος,-ου, ἡ
	EK	Κύπριος, fem. Κύπρις,-ιδος

Berge, Flüsse, Meere

B Berg, ὄρος
F Fluß, ποταμός
M Meer, πόντος, θάλαττα, πέλαγος

Athos	B	Ἄθως,-ω, ὁ
Atlantischer Ozean	M	Ἀτλαντικὸν πέλαγος, τό
Ägäis	M	Αἰγαῖος πόντος, ὁ
Ätna	B	Αἴτνη,-ης, ἡ
Areopag		
Hügel in Athen	B	Ἄρειος πάγος, ὁ
Körperschaft		ἡ ἐν Ἀρείῳ πάγῳ (ἐξ Ἀρείου πάγου) βουλή
Areopagit		Ἀρεοπαγίτης,-ου, ὁ
Donau	F	Ἴστρος,-ου, ὁ
Euphrat	F	Εὐφράτης,-ου, ὁ
Hellespont	M	Ἑλλήσποντος,-ου, ὁ
Indus	F	Ἰνδός,-οῦ, ὁ
Ionischer Meerbusen = Adriatisches Meer		Ἰόνιος κόλπος, ὁ
Kaukasus	B	Καύκασος,-ου, ὁ
Mäander	F	Μαίανδρος,-ου, ὁ
Mittelmeer	M	ἡ ἐντὸς (sc. Στηλῶν Ἡρακλείων) θάλαττα
Nil	F	Νεῖλος,-ου, ὁ
Nildelta		τὸ Δέλτα (indekl.)
Olymp	B	Ὄλυμπος,-ου, ὁ
olympisch		Ὀλύμπιος, fem. auch: Ὀλυμπιάς,-άδος
Parnaß	B	Παρνασ(σ)ός,-οῦ, ὁ
parnassisch		Παρνάσ(σ)ιος, fem. auch: Παρνασ(σ)ιάς,-άδος
das Schwarze Meer	M	Εὔξεινος πόντος, ὁ
Tigris	F	Τίγρις,-ητος, ὁ
Weltmeer	M	Ὠκεανός,-οῦ, ὁ

Goethes griechische Übersetzungsübungen

Auf dem Einband dieses Buches ist ein Goethe-Autograph wiedergegeben. Es stammt aus einem Heft mit Schularbeiten, die von Goethe zwischen 1757 und 1759 niedergeschrieben wurden. Er hatte damals Privatunterricht in den alten Sprachen bei dem Kandidaten der Theologie Johann Jakob Gottlieb Scherbius. 87 Blätter mit Übersetzungen – vor allem aus dem Deutschen ins Lateinische, aber auch ins Griechische – sind in einem Konvolut mit dem Titel „Labores Juveniles“ erhalten; es befindet sich heute in der Stadtbibliothek in Frankfurt a. M. Die Texte sind in größeren Goetheausgaben abgedruckt, z.B. der Artemis-Gedenkausgabe, Bd. 15, S. 8-73 (in Auswahl). Ein Teil-Faksimile erschien in Frankfurt a. M. 1932 (Einleitung von A. Richel), ein vollständiges Faksimile in Stuttgart 1964. Letzteres liegt unserer Reproduktion zugrunde.

Die Blätter 78-85 bilden ein selbständiges Heft, das Goethe überschrieben hat: „Liber / Exercitiorum Germanico / Graecorum atque Latinorum / quae a Domino / Scherbio Praeceptore meo / aestimatissimo / dictata et a me / Jo. Wolfg. Goethe / versa sunt / Anno Christi Mens Jan. / 1759.“ Die Texte der Griechisch-Übersetzungen lehnen sich durchweg an das Neue Testament an. Wir haben den einzigen Text mit profanem Inhalt ausgewählt; er steht auf Blatt 80 v und 81 r. Der Kandidat Scherbius hat die deutschen Sätze vorgegeben, aber die griechische Version Goethes offenbar nicht durchkorrigiert. (In „Dichtung und Wahrheit“ wird Scherbius nicht mit Namen erwähnt; nach Richel ist er einer der Privatlehrer, die Goethe mit Nachbarskindern teilte und denen er „Schlendrian“ nachsagt: Artemis-Ausgabe, Band 10, S. 40.)

Aliud

Nach mir war mein Bruder Konig: er hatte aber keinen Ruhm vor seinen Kriegsthaten. er vermiet allen bösen Schein er war nicht weniger denen Menschen nützlich als wie ich er gab ihnen Gesetze er ordnete die Sitten er bauete Tempel und in den 43ten Jahr seiner Regierung führte er Krieg gegen seine Feinde.

Versio.

Μετὰ μὲ ὁ αδελφὸσ μου ἐβασὶλευσεν· είχεν δὲ οὕτοσ οῢδεμιαν δοξαν ἀπὸ τῶν ἔργον πολεμικῶν. Ὅυτοσ απεχων παντὸσ είδουσ πονιροῦσ οὐ ἥττον γὲγένετο κρήσιμόσ καθὼς ἐγὸ, ἔθηκεν αὐτοῖς νόμουσ τασσεὶ τὰ ἔθεη κατασκέυασε ναοὺσ καὶ τῷ τεσσαρακοσ τῷ και τρίτῳ ἔτεὶ τῆς βασιλείασ αἴρον πόλεμον πρὸσ πολεμίουσ:

Bemerkungen: Die griechische Übersetzung ist für den 10-jährigen eine sehr anerkennenswerte Leistung. Die Schrift ist schön und deutlich. Die Akzentuierung ist jedoch unsicher (bei etwa einem Viertel der Wörter falsch).

Als Schreibversehen sind anzusehen: γεγένετο, κρήσιμος, ἔθεη. Eine nicht zu Ende geführte Korrektur: von τον ἔργον ist τον zu τῶν verbessert, aber ἔργον stehengeblieben.

Falsche Verbformen: αἶρον (statt ἦρεν), ἀπέχων (statt Med. ἀπεχόμενος), κατασκέυασε (Augment fehlt). Statt τάσσει wäre der Aorist ἔταξε zu erwarten, aber ein *Präsens historicum* ist möglich; Goethe benutzt die Koine-Form (statt τάττει), weil er an das Griechisch des Neuen Testaments gewöhnt ist.

Falsche Nominalform: πονηροῦς (statt πονηροῦ).

Wahrscheinlich als Latinismen anzusehen sind die Nachstellung von πολεμικῶν (statt attributiver Stellung) und das Fehlen des Artikels vor πολεμίουσ (am Ende), ferner ἐγὸ statt ἐγὼ.

πονιροῦσ: Das ι statt eines η ist ein typischer Itazismus; das deutet darauf hin, daß Goethe das Griechische in der sog. reuchlinischen Aussprache gelernt hat.

Weitere Fehler: Μετὰ μὲ (statt Μετ᾽ ἐμὲ), οὐ (statt οὐχ), καθὼς (statt ἤ, wegen deutsch „als wie“).

Die klassische Regel über die Satzverbindung (s.o. IV 2 Satz 2) befolgt Goethe nicht konsequent (οὗτος ist im 3. Satz für „er“ sinnvoll, aber im 2. Satz neben δὲ abundant; nach ἔθηκεν wäre ein γὰρ einzufügen). Das liegt sicher daran, daß die Regel im Neuen Testament nicht gilt. – Das *Participium conjunctum* ἀπέχων …, das von der Vorlage nicht gefordert ist, ist mit gutem Sprachgefühl gesetzt.

Wortfelder